초보탈출을 위한

어션영어의

진짜 기초 영어

패턴영어편

동양북스

초보탈출을 위한
어션영어의

진짜 기초 영어

패턴영어편

초판 1쇄 발행 | 2024년 1월 5일
초판 2쇄 발행 | 2024년 6월 10일

지은이 | 어션
발행인 | 김태웅
기획 편집 | 황준
디자인 | Moon-C design
마케팅 총괄 | 김철영
제 작 | 현대순

발행처 | (주)동양북스
등 록 | 제2014-000055호
주 소 | 서울시 마포구 동교로22길 14 (04030)
전 화 | (02)337-1737
팩 스 | (02)334-6624

ISBN 979-11-5768-993-4 13740

▶ 도서출판 동양북스에서는 소중한 원고, 새로운 기획을 기다리고 있습니다.
http://www.dongyangbooks.com

머리말

안녕하세요?

유튜브에서 〈어션영어 BasicEnglish〉 채널을 운영하고 있는 기초영어 강사 어션입니다.

저와 함께 지난 10년동안 기초영어를 공부해주신 여러분께 깊은 감사를 드리고 싶습니다. 지름길이 없는 영어, 조금이라도 더 즐거운 마음으로 기초부터 하나씩 배울 수 없을까? 많은 고민 끝에 유튜브 채널을 만들었고 지금은 기초 영어가 필요한 분들이면 누구나 보실 수 있도록 그 내용을 공유하고 있습니다.

영어의 기초를 다지면 자신감이 생기고, 그 자신감은 영어회화에 대한 관심으로 이어집니다. 그래서 이번에는 오랜 기간 영어를 학습했음에도 한마디가 딱 안나온다고 했던 기초회화를 쉽게 가능하게 할 수 있도록 패턴 영어를 배우는 기회를 마련했습니다.

패턴영어란, 실제 회화에서 자주 쓰는 말에서 규칙을 찾아 하나의 틀을 만든 후 다양한 단어 또는 표현을 활용하여 쉽게 영어회화에 활용할 수 있도록 하는 실용적인 학습법으로 그 장점은 다음과 같습니다.

1. 어려운 문법에 대한 이해 없이 다양한 문장을 쉽게 말할 수 있다.
2. 학습한 패턴을 바로 회화에 활용할 수 있다.
3. 자주 쓰는 말에 활용할 수 있어 유용하다.
4. 익숙해지면 자신만의 회화 패턴을 만들 수 있다.
5. 하고 싶은 말을 바로 할 수 있어 유창성이 향상된다.
6. 알아두면 말하기와 함께 듣기 실력도 빠르게 향상된다.
7. 단어와 표현도 더 쉽게 학습할 수 있다.

이렇듯 패턴영어는 어려운 문법에 대한 이해 없이도 자유로운 영어회화를 할 수 있도록 돕는 최고의 영어학습법 중 하나입니다. 영어로 대화를 할 때 내가 머릿속에 미리 넣어둔 패턴을 적절한 상황에서 꺼내어 쓰는 개념이기 때문에 적절한 상황에서 빠르고 정확한 말을 하는데 큰 도움이 됩니다.

이 책을 준비하며 실제로 제가 회화에서 많이 사용하고, 많이 듣는 핵심 패턴을 가능한 많이 담기위해 노력했습니다. 또한 영어회화에 바로 활용할 수 있는 필수 영어패턴을 학습함과 동시에 기초영어 동사 표현과 형용사를 함께 학습할 수 있도록 구성했습니다.

이 책을 통해 영어회화의 첫 걸음을 내딛음과 동시에 실전회화에 대한 자신감도 함께 가지실 수 있길 기대합니다.

영어강사 어션

이 책의 구성과 활용법

먼저 Part 1에서 Part 4까지의 모든 패턴과 예문을 외우지 말고 빠르게 훑어본 후 자투리 시간이 있을 때마다 예문 MP3파일을 반복해서 흘려듣는 것이 가장 중요합니다. 그리고 집중 학습을 위한 스스로 하루 학습 분량과 학습 가능한 시간을 설정합니다. 하루 6개 패턴 30분 학습을 권장하며 빨리 끝내고 싶은 분은 하루 12개의 패턴을 학습하세요.

패턴 정복 학습

1 핵심 패턴 학습

각 패턴에는 즉각적인 학습이 가능하도록 한글 발음과 의미가 들어가 있습니다.
해당 패턴이 어떤 경우에 자주 쓰이는지도 알기 쉽게 안내해 놓았으니 참고해 주세요.

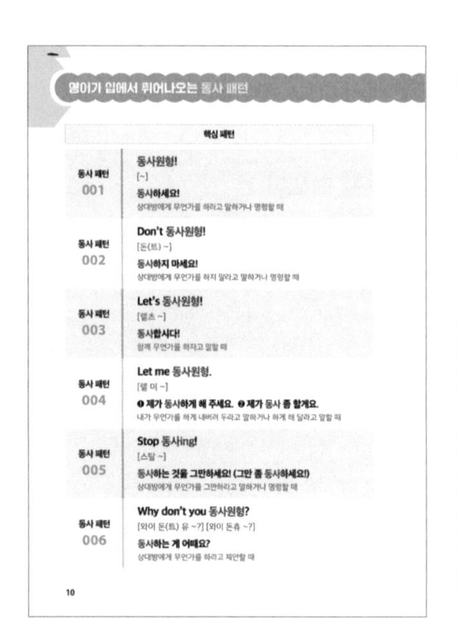
영어가 입에서 튀어나오는 동사 패턴

핵심 패턴

동사 패턴 001
동사원형!
[~]
동사하세요!
상대방에게 무언가를 하라고 말하거나 명령할 때

동사 패턴 002
Don't 동사원형!
[돈(트) ~]
동사하지 마세요!
상대방에게 무언가를 하지 말라고 말하거나 명령할 때

동사 패턴 003
Let's 동사원형!
[렛츠 ~]
동사합시다!
함께 무언가를 하자고 말할 때

동사 패턴 004
Let me 동사원형.
[렛 미 ~]
❶ 제가 동사하게 해 주세요. ❷ 제가 동사 좀 할게요.
내가 무언가를 하게 내버려 두라고 말하거나 하게 해 달라고 말할 때

동사 패턴 005
Stop 동사ing!
[스탑 ~]
동사하는 것을 그만하세요! (그만 좀 동사하세요!)
상대방에게 무언가를 그만하라고 말하거나 명령할 때

동사 패턴 006
Why don't you 동사원형?
[와이 돈(트) 유 ~?] [와이 돈츄 ~?]
동사하는 게 어때요?
상대방에게 무언가를 하라고 제안할 때

10

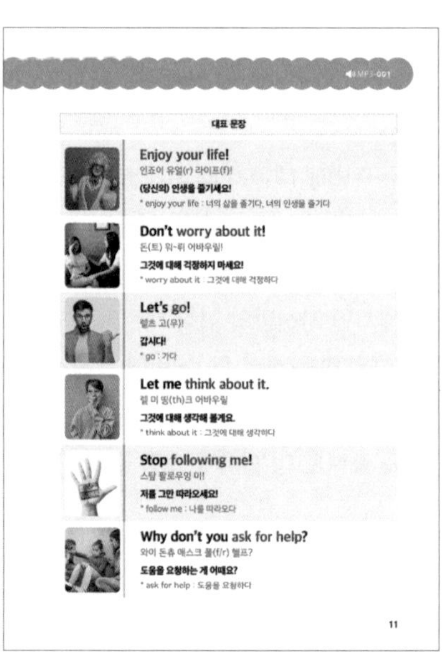
MP3-001

대표 문장

Enjoy your life!
인죠이 유얼(r) 라이프(f)!
(당신의) 인생을 즐기세요!
* enjoy your life : 너의 삶을 즐기다, 너의 인생을 즐기다

Don't worry about it!
돈(트) 워~뤼 어바우릿!
그것에 대해 걱정하지 마세요!
* worry about it : 그것에 대해 걱정하다

Let's go!
렛츠 고(우)!
갑시다!
* go : 가다

Let me think about it.
렛 미 띵(th)크 어바우릿
그것에 대해 생각해 볼게요.
* think about it : 그것에 대해 생각하다

Stop following me!
스탑 팔로우잉 미!
저를 그만 따라오세요!
* follow me : 나를 따라오다

Why don't you ask for help?
와이 돈츄 애스크 풀(f/r) 헬프?
도움을 요청하는 게 어때요?
* ask for help : 도움을 요청하다

11

2 대표 문장 학습

패턴 학습과 실전회화에 도움이 되는 대표 문장이 제공됩니다. 학습한 패턴이 실제 영어회화에서 어떻게 활용되는지를 확인해 보고 따라해 보세요.
모든 예문은 MP3가 제공됩니다. 원어민의 음성을 듣고 의미가 저절로 떠오를 때까지 반복해서 따라 해주세요.

패턴 활용 실전 훈련

영어를 듣고, 말하기 위해서는 한국어를 영어로 바꾸는 연습과 영어를 한국어로 바꾸는 연습을 병행하는 것이 정말 중요합니다!

3 한국어 → 영어 변환 (말하기에 도움이 되는 훈련)

한국어 문장을 보고 영어를 떠올려 보세요. 학습한 표현이 공부한 패턴과 절묘하게 어우러져 있습니다. 먼저 주어진 표현을 보고 한국어 문장의 의미에 맞게 영어문장을 만들어 봅니다. 패턴이 떠오르지 않으면 오른쪽 페이지에 해당 패턴번호를 표시해 두었으니 참고해 주세요. 다 만들었으면 각 문장을 원어민 음성 속도로 말할 수 있도록 충분히 연습합니다.

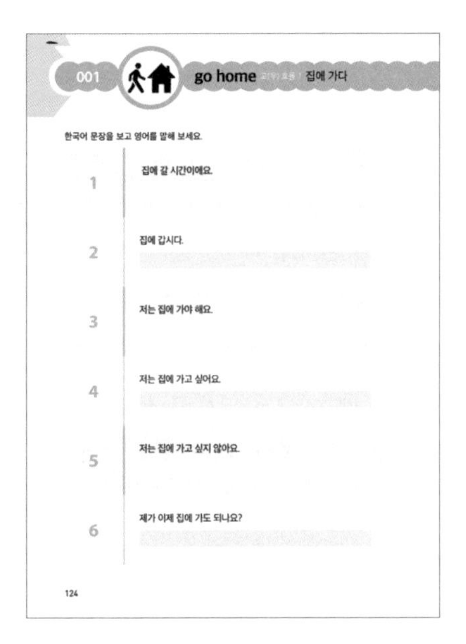
001 go home 집에 가다

한국어 문장을 보고 영어를 말해 보세요.

1 집에 갈 시간이에요.

2 집에 갑시다.

3 저는 집에 가야 해요.

4 저는 집에 가고 싶어요.

5 저는 집에 가고 싶지 않아요.

6 제가 이제 집에 가도 되나요?

124

영어 문장을 보자마자 한국어 뜻을 떠올릴 수 있는지 확인해 보세요.

1 143 It's time to go home.
[잇츠 타임 투 고(우) 호움]
이 문장에서 It's는 It is를 줄인 형태입니다.

2 003 Let's go home.
[렛츠 고(우) 호움]
Let's는 Let is가 아니라 Let us를 줄인 형태입니다.

3 080 I have to go home.
[아이 해브(v) 투 고(우) 호움]
have to의 have는 '~을 가지고 있다'는 뜻의 have와 관련이 없습니다.

4 019 I want to go home.
[아이 원(트) 투 고(우) 호움]
want to를 회화체로 줄여 wanna라고 말해도 됩니다.

5 021 I don't want to go home.
[아이 돈(트) 원(트) 투 고(우) 호움]
don't는 do not을 줄인 형태입니다.

6 032 Can I go home now?
[캔 아이 고(우) 호움 나우?]
Can I를 연음하면 [캐나이]와 같이 발음됩니다.

125

4 영어 → 한국어 변환 (듣기에 도움이 되는 훈련)

영어 문장을 보자마자 한국어 뜻을 떠올릴 수 있는지 확인해 보세요. 도움을 주는 한글 발음과 설명이 있으므로 쉽게 따라하고 어렵지 않게 뜻을 파악할 수 있습니다. 복습을 할 때는 왼편 답안을 가린후에 처음부터 끝까지 문제없이 해석이 되는지 확인해 주세요.

이 책의 구성과 활용법

이 책에서 자주 쓰이는 용어 1 - 필수 용어

1 동사 움직임, 행동을 나타내는 말 (~하다)

예 go(가다), eat(먹다), love(사랑하다)

2 동사표현 하나의 뜻을 이루는 동사를 포함한 덩어리

예 go to school(학교에 가다, 등교하다), eat pizza(피자를 먹다)

3 형용사 주로 '~ㄴ', '~한', '~의'로 해석되는 말

예 good(좋은, 맛있는), happy(행복한), sad(슬픈)

이 책에서 자주 쓰이는 용어 2 - 동사변화형

1 동사원형 - 2 동사 과거형 - 3 과거분사(p.p.) - 4 동사ing형

1 동사원형

동사에 어떠한 변화도 없는 원래 그대로의 형태로 사전에 표기할 때 쓰이는 동사 형태를 말합니다.

2 동사 과거형

과거에 한 일 또는 과거에 일어난 일에 대해서 말할 때 쓰이는 동사의 형태로 주로 'ed'로 끝나는 규칙 과거형과 규칙성 없는 형태를 가진 불규칙 과거형이 있습니다.

3 과거분사(p.p.)

영어문법에서 자주 쓰이는 동사의 형태 중 하나로 동사변화형 중 세 번째에 있는 것을 말합니다. (286페이지 - 부록참조)

4 동사ing형

영어문법에서 쓰이는 동사의 형태 중 하나로 동사에 ing를 붙인 형태입니다. 다만, e로 끝나는 동사의 경우 e를 빼고 ing를 쓴 형태를 가집니다. 예 make(만들다) → making

	동사원형	동사 과거형	과거분사(p.p.)	동사ing형
규칙 동사	work (일하다)	worked (일했다)	worked	working
불규칙 동사	eat (먹다)	ate (먹었다)	eaten	eating

목 차

MP3 바로 듣기

어션영어 유튜브 강의

MP3 무료 다운로드 & 어션영어 유튜브 강의

본 교재는 혼자 학습하시는 분들이 좀 더 쉽게 학습하실 수 있도록 저자 어션 선생님의 YouTube채널 '어션영어BasicEnglish'에서 동영상 강의를 제공하고 있습니다. 교재와 함께 저자의 목소리로 설명과 예문을 직접 듣고 배우며 보다 효과적인 영어 학습을 해 보세요. 이와 더불어 정확한 영어 발음을 익힐 수 있도록 동양북스 홈페이지에서 MP3를 무료로 제공하고 있습니다.

MP3 다운로드 | www.dongyangbooks.com

어션영어 바로가기 | https://www.youtube.com/@english1

MP3 다운로드 & 듣기

PART 01

영어가 입에서 튀어나오는 동사 패턴 001-154

핵심 패턴

동사 패턴 001

동사원형!
[~]

동사하세요!

상대방에게 무언가를 하라고 말하거나 명령할 때

동사 패턴 002

Don't 동사원형!
[돈(트) ~]

동사하지 마세요!

상대방에게 무언가를 하지 말라고 말하거나 명령할 때

동사 패턴 003

Let's 동사원형!
[렡츠 ~]

동사합시다!

함께 무언가를 하자고 말할 때

동사 패턴 004

Let me 동사원형.
[렡 미 ~]

❶ 제가 동사하게 해 주세요. ❷ 제가 동사 좀 할게요.

내가 무언가를 하게 내버려 두라고 말하거나 하게 해 달라고 말할 때

동사 패턴 005

Stop 동사ing!
[스탚 ~]

동사하는 것을 그만하세요! (그만 좀 동사하세요!)

상대방에게 무언가를 그만하라고 말하거나 명령할 때

동사 패턴 006

Why don't you 동사원형?
[와이 돈(트) 유 ~?] [와이 돈츄 ~?]

동사하는 게 어때요?

상대방에게 무언가를 하라고 제안할 때

대표 문장

Enjoy your life!

인죠이 유얼(r) 라이프(f)!

(당신의) 인생을 즐기세요!

* enjoy your life : 너의 삶을 즐기다, 너의 인생을 즐기다

Don’t worry about it!

돈(트) 워-뤼 어바우릩!

그것에 대해 걱정하지 마세요!

* worry about it : 그것에 대해 걱정하다

Let’s go!

렡츠 고(우)!

갑시다!

* go : 가다

Let me think about it.

렡 미 띵(th)크 어바우릩

그것에 대해 생각해 볼게요.

* think about it : 그것에 대해 생각하다

Stop following me!

스탚 퐐로우잉 미!

저를 그만 따라오세요!

* follow me : 나를 따라오다

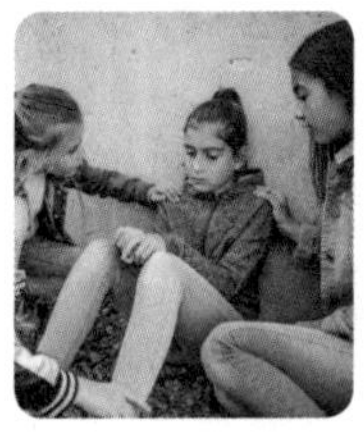

Why don’t you ask for help?

와이 돈츄 애스크 폴(f/r) 헬프?

도움을 요청하는 게 어때요?

* ask for help : 도움을 요청하다

핵심 패턴

동사 패턴
007

Thank you for 동사ing.
[땡(th)크 유 폴(f/r) ~] [땡(th)큐 폴(f/r) ~]
동사해 주셔서 감사합니다.
상대방에게 해 준 행동에 대해 고맙다고 말할 때

동사 패턴
008

I'm sorry to 동사원형.
[아임 쏴뤼 투 ~]
저는 동사해서 유감입니다.
무언가에 대해 내가 안타까운 마음이 든다고 말할 때

동사 패턴
009

I'm here to 동사원형.
[아임 히얼(r) 투 ~]
저는 동사하려고 여기에 왔어요.
내가 여기에 있는 이유나 목적에 대해 말할 때

동사 패턴
010

I'm ready to 동사원형.
[아임 뤠디 투 ~] [아임 뤠리 투 ~]
저는 동사할 준비가 되었어요.
내가 무언가를 할 준비 또는 각오가 되었다고 말할 때

동사 패턴
011

I'm glad to 동사원형.
[아임 글래드 투 ~]
저는 동사해서 기뻐요.
내가 무언가를 해서 기쁘다고 말할 때

동사 패턴
012

I'm good at 동사ing.
[아임 귿 앧 ~]
저는 동사하는 것을 잘해요.
내가 무언가 하는 것을 잘한다고 말할 때

대표 문장

Thank you for waiting.

땡(th)큐 폴(f/r) 웨이링

기다려 주셔서 감사합니다.

* wait : 기다리다

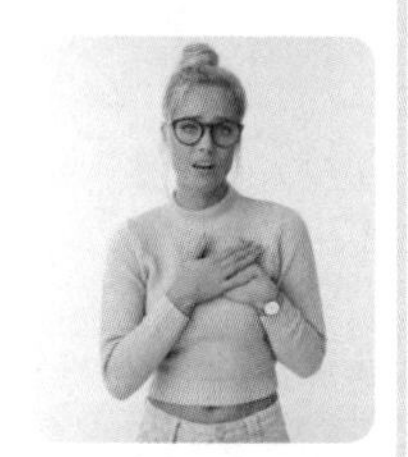

I'm sorry to hear that.

아임 쒀뤼 투 히얼(r) 댙(th)

그 말을 들어 유감입니다.

* hear that : 그 말을 듣다

I'm here to see a movie.

아임 히얼(r) 투 씨- 어 무-뷔

저는 영화를 보러 여기에 왔어요.

* see a movie : 영화를 보다

I'm ready to start working.

아임 뤠디 투 스탈(r)-트 월(r)-킹

저는 일을 시작할 준비가 되었어요.

* start working : 일을 시작하다, 일하는 것을 시작하다

I'm glad to meet you.

아임 글래드 투 밑- 유

만나서 반갑습니다. (처음 만난 사이)

* meet you : 너를 만나다

I'm good at singing.

아임 긑 앹 씽잉

저는 노래를 잘해요. (저는 노래 부르는 것을 잘해요.)

* sing : 노래하다, 노래 부르다

핵심 패턴

동사 패턴 013

I like 동사ing.
[아이 라잌 ~]
저는 동사하는 것을 좋아해요.
내가 무언가를 하는 것을 좋아한다고 말할 때

동사 패턴 014

I don't like 동사ing.
[아이 돈(트) 라잌 ~]
저는 동사하는 것을 좋아하지 않아요.
내가 무언가를 하는 것을 좋아하지 않는다고 말할 때

동사 패턴 015

I love 동사ing.
[아이 러브(v) ~]
저는 동사하는 것을 매우 좋아해요.
내가 무언가 하는 것을 좋아한다는 것을 강조하여 말할 때

동사 패턴 016

I hate 동사ing.
[아이 헤잍 ~]
저는 동사하는 것을 싫어해요.
내가 무언가 하는 것을 싫어한다고 말할 때

동사 패턴 017

I enjoy 동사ing.
[아이 인죠이 ~]
저는 동사하는 것을 즐겨요.
내가 무언가 하는 것을 즐긴다고 말할 때

동사 패턴 018

I don't mind 동사ing.
[아이 돈(트) 마인드 ~]
저는 동사하는 것을 꺼리지 않아요.
내가 무언가 하는 것에 대해 꺼리지 않는다는 의미에서 상관없거나 괜찮다고 말할 때

대표 문장

I like watching TV.

아이 라잌 와췽 티-뷔-

저는 TV 보는 것을 좋아해요.

* watch TV : TV를 보다

I don't like walking.

아이 돈(트) 라잌 워-킹

저는 걷는 것을 좋아하지 않아요.

* walk : 걷다

I love reading.

아이 러브(v) 뤼-딩

저는 독서하는 것을 매우 좋아해요.

* read : 독서하다, 책을 읽다, ~을 읽다

I hate driving.

아이 헤잍 드롸이뷩

저는 운전하는 것을 싫어해요.

* drive : (~을) 운전하다

I enjoy playing golf.

아이 인죠이 플레(이)잉 골프(f)

저는 골프 치는 것을 즐겨요.

* play golf : 골프를 치다

I don't mind doing the dishes.

아이 돈(트) 마인드 두-잉 더(th) 디쉬즈

저는 설거지를 해도 상관없어요. (의역)

* do the dishes : 설거지하다

핵심 패턴

동사 패턴 **019**

I want to 동사원형.
[아이 원(트) 투 ~]
저는 동사하고 싶어요.
내가 무언가를 하길 원하거나 하고 싶다고 말할 때

동사 패턴 **020**

I wanna 동사원형.
[아이 워너 ~]
저는 동사하고 싶어요.
wanna는 want to를 줄인 형태로 회화체에 쓰임

동사 패턴 **021**

I don't want to 동사원형.
[아이 돈(트) 원(트) 투 ~]
저는 동사하고 싶지 않아요.
내가 무언가를 하길 원하지 않거나 하고 싶지 않다고 말할 때

동사 패턴 **022**

I don't wanna 동사원형.
[아이 돈(트) 워너 ~]
저는 동사하고 싶지 않아요.
wanna는 want to를 줄인 형태로 회화체에 쓰임

동사 패턴 **023**

I don't even want to 동사원형.
[아이 돈(트) E븐(v) 원(트) 투 ~]
저는 (심지어) 동사하고 싶지도 않아요.
내가 무언가를 하길 원하지 않는다는 것을 강조하여 말할 때

동사 패턴 **024**

I'd like to 동사원형.
[아이드 라익 투 ~]
저는 동사하고 싶습니다.
I would like to ~.를 줄인 형태로 would like는 '원하다'라는 뜻을 가지며
I want to ~.보다 더 공손하고 격식을 갖춘 표현

대표 문장

I want to take a nap.

아이 원(트) 투 테잌 어 냎

저는 낮잠을 자고 싶어요.

* take a nap : 낮잠 자다

I wanna take a shower.

아이 워너 테잌 어 샤-월(r)

저는 샤워하고 싶어요.

* take a shower : 샤워하다

I don't want to go there.

아이 돈(트) 원(트) 투 고(우) 데(th)얼(r)

저는 거기에 가고 싶지 않아요.

* go there : 거기에 가다

I don't wanna waste my time.

아이 돈(트) 워너 웨이스트 마이 타임

저는 저의 시간을 낭비하고 싶지 않아요.

* waste my time : 나의 시간을 낭비하다

I don't even want to smell it.

아이 돈(트) E븐(v) 원(트) 투 스멜 잍

저는 그것의 냄새도 맡고 싶지 않아요.

* smell it : 그것의 냄새를 맡다

I'd like to order.

아이드 라잌 투 올(r)-덜(r)

주문할게요. (주문하고 싶습니다.)

* order : (~을) 주문하다

핵심 패턴

동사 패턴 025

I want you to 동사원형.
[아이 원(트) 유 투 ~]
저는 당신이 동사했으면 좋겠어요.
상대방이 무언가를 하는 것을 내가 원한다고 말할 때

동사 패턴 026

I don't want you to 동사원형.
[아이 돈(트) 원(트) 유 투 ~]
저는 당신이 동사하는 것을 원하지 않아요.
상대방이 무언가를 하는 것을 내가 원하지 않는다고 말할 때

동사 패턴 027

I didn't want to 동사원형.
[아이 디든(트) 원(트) 투 ~] [아이 디른(트) 원(트) 투 ~]
저는 동사하고 싶지 않았어요.
과거에 내가 무언가를 하는 것을 원하지 않았었다고 말할 때

동사 패턴 028

I've wanted to 동사원형.
[아이브(v) 원티드 투 ~] [아이브(v) 워니(드) 투 ~]
저는 동사하고 싶었어요.
과거부터 지금까지 무언가를 하고 싶은 마음이 유지되어 왔다고 말할 때

동사 패턴 029

I've always wanted to 동사원형.
[아이브(v) 얼-웨이즈 원티드 투 ~] [아이브(v) 얼-웨이즈 워니(드) 투 ~]
저는 항상 동사하고 싶었어요.
과거부터 지금까지도 무언가를 하고 싶은 마음을 항상 가져 왔다고 말할 때

동사 패턴 030

I feel like 동사ing.
[아이 퓌을 라익 ~]
❶ 저는 동사할 것 같은 기분이에요. ❷ 저는 동사하고 싶은 기분이에요.
내가 무언가를 할 것 같은 기분이 들거나 하고 싶은 기분이 든다고 말할 때

대표 문장

I want you to understand me.
아이 원(트) 유 투 언덜(r)스탠드 미

(저는) 당신이 저를 이해해 주었으면 좋겠어요.

* understand me : 나를 이해하다, 나를 이해해 주다

I don't want you to get hurt.
아이 돈(트) 원(트) 유 투 겥 헐(r)-트

저는 당신이 다치는 것을 원하지 않아요.

* get hurt : 다치다

I didn't want to hurt your feelings.
아이 디른(트) 원(트) 투 헐(r)-트 유얼(r) 퓔-링쓰

저는 당신의 기분을 상하게 하고 싶지 않았어요.

* hurt your feelings : 너의 기분을 상하게 하다

I've wanted to show you this.
아이브(v) 원니(드) 투 쑈우 유 디(th)쓰

저는 당신에게 이것을 보여주고 싶었어요.

* show you this : 너에게 이것을 보여주다

I've always wanted to ask you this.
아이브(v) 얼-웨이즈 원니(드) 투 애슼 유 디(th)쓰

저는 항상 당신에게 이것을 묻고 싶었어요.

* ask you this : 너에게 이것을 묻다

I feel like throwing up.
아이 퓌을 라잌 뜨(th)로우잉 엎

저 토할 것 같아요.

* throw up : 토하다

핵심 패턴

동사 패턴
031

I prefer to 동사원형.
[아이 프리풔(r)- 투 ~]
저는 동사하는 것을 선호해요.
내가 무언가 하는 것을 비교 대상보다 더 좋아한다고 말할 때

동사 패턴
032

I know how to 동사원형.
[아이 노(우) 하우 투 ~]
저는 동사하는 법을 알아요.
내가 무언가 하는 방법을 안다고 말할 때

동사 패턴
033

I don't know how to 동사원형.
[아이 돈(트) 노(우) 하우 투 ~]
저는 동사하는 법을 몰라요.
내가 무언가 하는 방법을 알지 못한다고 말할 때

동사 패턴
034

I don't have money to 동사원형.
[아이 돈(트) 해브(v) 머니 투 ~]
저는 동사할 돈이 없어요.
내가 무언가를 할 돈을 가지고 있지 않다고 말할 때

동사 패턴
035

I don't have time to 동사원형.
[아이 돈(트) 해브(v) 타임 투 ~]
저는 동사할 시간이 없어요.
나에게 무언가를 할 시간이 없다고 말할 때

동사 패턴
036

I want to learn how to 동사원형.
[아이 원(트) 투 러언 하우 투 ~]
저는 동사하는 법을 배우고 싶어요.
내가 무언가를 하는 법을 배우길 원한다고 말할 때

대표 문장

I prefer to take the subway.

아이 프뤼풜(r)- 투 테잌 더(th) 써브웨이

저는 지하철 타는 것을 선호해요.

* take the subway : 지하철을 타다

I know how to play the guitar.

아이 노(우) 하우 투 플레이 더(th) 기탈(r)-

저는 기타 치는 법을 알아요.

* play the guitar : 기타를 치다

I don't know how to use it.

아이 돈(트) 노(우) 하우 투 유-즈 잍

저는 그것을 사용하는 법을 몰라요.

* use it : 그것을 사용하다

I don't have money to donate.

아이 돈(트) 해브(v) 머니 투 도(우)네이트

저는 기부할 돈이 없어요.

* donate : (~을) 기부하다

I don't have time to play computer games.

아이 돈(트) 해브(v) 타임 투 플레이 컴퓨-럴(l/r) 게임즈

저는 컴퓨터 게임을 할 시간이 없어요.

* play computer games : 컴퓨터 게임을 하다

I want to learn how to draw.

아이 원(트) 투 러언 하우 투 드뤄-

저는 그림 그리는 법을 배우고 싶어요.

* draw : 그림을 그리다

핵심 패턴

동사 패턴 037

I 동사원형.
[아이 ~]
(평소, 일반적으로) 저는 동사해요.
내가 평소 또는 일반적으로 무언가를 한다고 말할 때

동사 패턴 038

I don't 동사원형.
[아이 돈(트) ~]
(평소, 일반적으로) 저는 동사하지 않아요.
내가 평소 또는 일반적으로 무언가를 하지 않는다고 말할 때

동사 패턴 039

I always 동사원형.
[아이 얼-웨이즈 ~]
저는 항상 동사해요.
내가 항상 무언가를 한다고 말할 때

동사 패턴 040

I usually 동사원형.
[아이 유-쥬을리 ~]
저는 주로 동사해요.
내가 주로, 보통 무언가를 한다고 말할 때

동사 패턴 041

I often 동사원형.
[아이 어-픈(f) ~]
저는 자주 동사해요.
내가 자주 무언가를 한다고 말할 때

동사 패턴 042

I sometimes 동사원형.
[아이 썸타임즈 ~]
저는 가끔 동사해요.
내가 가끔, 때때로 무언가를 한다고 말할 때

대표 문장

I do yoga.
아이 두- 요-거
저는 요가를 해요.
* do yoga : 요가를 하다

I don't eat meat.
아이 돈(트) 잍- 미-트
저는 고기를 먹지 않아요.
* eat meat : 고기를 먹다

I always wear sunblock.
아이 얼-웨이즈 웨얼(r) 썬블락
저는 항상 선크림을 발라요.
* wear sunblock : 선크림을 바르다

I usually get up early.
아이 유-쥬을리 게렆 얼(r)-리
저는 주로 일찍 일어나요.
* get up early : 일찍 일어나다

I often eat out.
아이 어-픈(f) 잍- 아웉
저는 자주 외식을 해요.
* eat out : 외식하다

I sometimes go camping.
아이 썸타임즈 고(우) 캠핑
저는 가끔 캠핑하러 가요.
* go camping : 캠핑 가다, 캠핑하러 가다

핵심 패턴

동사 패턴 043

I 동사원형 a lot.
[아이 ~ 얼랕]
저는 많이 동사해요.
내가 많이 무언가를 한다고 말할 때

동사 패턴 044

I 동사원형 every day.
[아이 ~ 에브(v)뤼 데이]
저는 매일 동사해요.
내가 매일 무언가를 한다고 말할 때

동사 패턴 045

I don't 동사원형 every day.
[아이 돈(트) ~ 에브(v)뤼 데이]
저는 매일 동사하지는 않아요.
내가 무언가를 매일 하지는 않는다고 말할 때
(아예 하지 않는다는 말로 착각하지 않도록 주의할 것)

동사 패턴 046

I don't 동사원형 very often.
[아이 돈(트) ~ 붸뤼 어-픈(f)]
저는 그렇게 자주 동사하지는 않아요.
내가 무언가를 그렇게까지 자주 하지는 않는다고 말할 때

동사 패턴 047

I don't really 동사원형.
[아이 돈(트) 뤼을리 ~]
저는 별로 동사하지 않아요.
내가 별로 무언가를 하지 않는다고 너무 강하지는 않은 어조로 부정하여 말할 때

동사 패턴 048

I used to 동사원형.
[아이 유-쓰(트) 투 ~]
저는 동사하곤 했어요.
내가 무언가를 과거에는 했었는데, 지금은 하지 않는다고 말할 때

대표 문장

I miss you a lot.
아이 미쓰 유 얼랕
저는 당신이 많이 보고 싶어요.
* miss you : 너를 그리워하다, 네가 보고 싶다

I practice English every day.
아이 프뤡티쓰 잉글리쉬 에브(v)뤼 데이
저는 매일 영어를 연습해요.
* practice English : 영어를 연습하다

I don't drink coffee every day.
아이 돈(트) 드륑크 커-퓌 에브(v)뤼 데이
저는 매일 커피를 마시지는 않아요.
* drink coffee : 커피를 마시다

I don't cook very often
아이 돈(트) 쿸 붸뤼 어-픈(f)
저는 그렇게 자주 요리하지는 않아요.
* cook : 요리하다

I don't really like it.
아이 돈(트) 뤼을리 라잌 잍
저는 그것을 별로 좋아하지 않아요.
* like it : 그것을 좋아하다, 그것이 마음에 들다

I used to live in Boston.
아이 유-쓰(트) 투 리브(v) 인 보-스튼
저는 보스턴에 살았었어요.
* live in Boston : 보스턴에 살다

핵심 패턴

동사 패턴 049

I 동사 과거형.
[아이 ~]
저는 동사했어요.
내가 과거에 한 일 또는 과거에 나에게 일어난 일에 대해 말할 때

동사 패턴 050

I didn't 동사원형.
[아이 디든(트) ~] [아이 디른(트) ~]
저는 동사하지 않았어요.
내가 과거에 하지 않은 일 또는 과거에 나에게 일어나지 않은 일에 대해 말할 때

동사 패턴 051

I almost 동사 과거형.
[아이 올-모(우)스트 ~]
저는 거의 동사할 뻔했어요.
내가 무언가를 거의 할 뻔했거나 나에게 어떤 일이 일어날 뻔했다고 말할 때

동사 패턴 052

I 동사 과거형 all day (long).
[아이 ~ 올- 데이 (롱-)]
저는 하루 종일 동사했어요.
내가 하루 종일 무언가를 했다고 과거에 일어난 일에 대해 말할 때

동사 패턴 053

I didn't 동사원형 at first.
[아이 디든(트) ~ 앹 풜(r)-스트]
저는 처음에는 동사하지 않았어요.
내가 처음에는 무언가를 하지 않았었다고 말할 때 쓰이며, 이후에 처음과 다른 변화 또는 결과가 있었음을 의미

동사 패턴 054

I didn't 동사원형 on purpose.
[아이 디든(트) ~ 온 펄(r)-퍼쓰] [아이 디른(트) ~ 온 펄(r)-퍼쓰]
저는 고의로 동사한 것이 아니에요.
내가 과거에 한 일이 고의적이었거나 의도적인 것은 아니었다고 말할 때

대표 문장

I put it on the table.

아이 풑 잍 온 더(th) 테이블

저는 그것을 테이블 위에 올려놓았어요.

* put it on the table : 그것을 테이블 위에 올려놓다

I didn't study hard.

아이 디든(트) 스터디 할(r)-드

저는 열심히 공부하지 않았어요.

* study hard : 열심히 공부하다

I almost missed the bus.

아이 올-모(우)스트 미쓰(트) 더(th) 버쓰

저는 거의 버스를 놓칠 뻔했어요.

* miss the bus : (그) 버스를 놓치다

I worked all day (long)

아이 웕(r/k)-트 올- 데이 (롱-)

저는 하루 종일 일했어요.

* work : 일하다

I didn't recognize you at first.

아이 디든(트) 뤠커(그)나이즈 유 앹 풜(r)-스트

(저는) 처음에는 당신을 못 알아봤어요.

* recognize you : 너를 알아보다

I didn't do it on purpose.

아이 디든(트) 두- 잍 온 펄(r)-퍼쓰

저는 그것을 고의로 하지 않았어요.

* do it : 그것을 하다

핵심 패턴

동사 패턴 **055**

I did 동사원형.
[아이 디드 ~]
저는 동사했어요. (강조)
주로 내가 과거에 한 일에 대해서 강조하여 말할 때

동사 패턴 **056**

I will 동사원형.
[아이 윌 ~]
❶ 제가 동사할게요. ❷ 저는 동사할 거예요.
내가 무언가를 하겠다고 즉흥적으로 결정한 미래에 할 일에 대해서 말하거나 내가 미래에 할 것이라고 추측되는 일에 대해 말할 때

동사 패턴 **057**

I'll 동사원형.
[아일 ~]
❶ 제가 동사할게요. ❷ 저는 동사할 거예요.
I'll은 I will을 줄인 형태입니다.

동사 패턴 **058**

I will not 동사원형. = I won't 동사원형.
[아이 윌 낱 ~] [아이 워운(트) ~]
저는 동사 안 할 거예요.
즉흥적으로 결정하여 내가 무언가를 하지 않을 것이라고 말하거나 내가 미래에 무언가를 하지 않을 것이라고 추측되는 일에 대해 말할 때

동사 패턴 **059**

I'm going to 동사원형.
[아임 고(우)잉 투 ~]
저는 동사할 거예요.
내가 미래에 무언가를 할 것이라고 미래의 계획이나 이미 예정된 미래에 할 일에 대해서 말할 때

동사 패턴 **060**

I'm not going to 동사원형.
[아임 낱 고(우)잉 투 ~]
저는 동사하지 않을 거예요.
내가 미래에 무언가를 하지 않을 것이라고 미래의 계획이나 이미 예정된 미래에 하지 않을 일에 대해서 말할 때

대표 문장

I did love you.

아이 디드 러브(v) 유

저는 당신을 정말로 사랑했어요.

* love you : 너를 사랑하다, 너를 정말 좋아하다

I will follow my heart.

아이 윌 퐐로우 마이 할(r)-트

저는 제 마음을 따를 거예요.

* follow my heart : 내 마음을 따르다, 내 마음이 가는 대로 하다

I'll do my best.

아일 두- 마이 베스트

최선을 다하겠습니다.

* do my best : 최선을 다하다

I won't change my mind.

아이 워운(트) 체인쥐 마이 마인드

저는 마음을 바꾸지 않을 거예요.

* change my mind : 나의 마음을 바꾸다

I'm going to need your help.

아임 고(우)잉 투 니-드 유얼(r) 헬프

저는 당신의 도움이 필요할 거예요.

* need your help : 너의 도움이 필요하다

I'm not going to betray you.

아임 낱 고(우)잉 투 비트뤠이 유

저는 당신을 배신하지 않을 거예요.

* betray you : 너를 배신하다

핵심 패턴

동사 패턴 061

I have 과거분사(p.p.). = I've 과거분사(p.p.).
[아이 해브(v) ~] [아이브(v) ~]

❶ 저는 동사해 본 적 있어요. ❷ 저는 동사했어요.
내가 무언가를 해 본 적 있다고 경험에 대해서 말하거나 내가 방금 또는 이미 한 일에 대해서 말할 때

동사 패턴 062

I have never 과거분사(p.p.).
[아이 해브(v) 네붤(r) ~]

저는 한 번도 동사해 본 적 없어요.
내가 한 번도 무언가를 해 본 적 없다고 경험에 대해서 말할 때

동사 패턴 063

I've never 과거분사(p.p.).
[아이브(v) 네붤(r) ~]

저는 한 번도 동사해 본 적 없어요.
이 패턴에서의 I've는 I have를 줄인 형태

동사 패턴 064

I haven't 과거분사(p.p.) yet.
[아이 해븐(v)(트) ~ 옐]

저는 아직 동사하지 않았어요.
내가 아직 무언가를 하지 않았다고 말할 때 쓰이며, 미래에 할 것이라고 예상되거나 미래에 할 가능성이 있을 때 주로 쓰임

동사 패턴 065

I haven't 과거분사(p.p.) lately.
[아이 해븐(v)(트) ~ 레잍리]

저는 최근에 동사하지 않았어요.
내가 최근에 무언가를 하지 않고 있다고 말할 때

동사 패턴 066

I've been 동사ing + 기간, 시점.
[아이브(v) 빈 ~ ~]

❶ 저는 기간 동안 동사하고 있어요.
❷ 저는 언제부터 동사하고 있어요.
내가 과거부터 지금까지 쭉 해 오고 있는 일에 대해서 말할 때

대표 문장

I have eaten Taiwanese food.

아이 해브(v) E-튼 타이와-니-즈 푸(f)-드

저는 대만 음식을 먹어 본 적 있어요.

* eat Taiwanese food : 대만 음식을 먹다

I have never played tennis.

아이 해브(v) 네붤(r) 플레이드 테니쓰

저는 테니스를 한 번도 쳐 본 적이 없어요.

* play tennis : 테니스를 치다

I've never played the piano.

아이브(v) 네붤(r) 플레이드 더(th) 피애노(우)

저는 한 번도 피아노를 쳐 본 적이 없어요.

* play the piano : 피아노를 치다

I haven't had dinner yet.

아이 해븐(v)(트) 해드 디널(r) 옡

저는 아직 저녁을 먹지 않았어요.

* have dinner : 저녁을 먹다, 저녁 식사를 하다

I haven't seen him lately.

아이 해븐(v)(트) 씬- 힘 레잍리

저는 최근에 그를 보지 못했어요.

* see him : 그를 보다, 그를 만나다

I've been studying English for 6 months.

아이브(v) 빈 스터디잉 잉글리쉬 폴(f/r) 씩쓰 먼쓰

저는 6개월째 영어 공부를 하고 있어요.

* study English : 영어를 공부하다

핵심 패턴

동사 패턴 **067**

I am 동사ing. = I'm 동사ing.
[아이 앰 ~] [아임 ~]
저는 동사하고 있는 중이에요. (저는 동사하고 있어요.)
내가 지금 하고 있는 중인 일에 대해서 말할 때

동사 패턴 **068**

I'm not 동사ing.
[아임 낱 ~]
저는 동사하고 있는 중이 아니에요. (저는 동사하고 있지 않아요.)
내가 지금 무언가를 하고 있는 중이 아니라고 말할 때

동사 패턴 **069**

I'm 동사ing + (미래표현).
[아임 ~ ~]
저는 (언제) 동사해요.
이미 계획되었거나 준비가 된 가까운 미래에 내가 할 일에 대해서 말할 때

동사 패턴 **070**

I was 동사ing.
[아이 워즈(z) ~]
저는 동사하고 있는 중이었어요.
내가 과거의 어떠한 시점에 하고 있는 중이었던 일에 대해서 말할 때

동사 패턴 **071**

I was going to 동사원형.
[아이 워즈(z) 고(우)잉 투 ~]
저는 동사하려고 했어요.
내가 과거에 하려고 했었으나 하지 않았다고 말할 때 주로 쓰는 표현

동사 패턴 **072**

I wasn't going to 동사원형.
[아이 워즌(트) 고(우)잉 투 ~]
저는 동사하지 않으려고 했어요.
내가 과거에 하지 않으려고 했었으나 했다고 말할 때 주로 쓰는 표현

대표 문장

I'm listening to music.

아임 리쓰닝 투 뮤-직

저는 (지금) 음악을 듣고 있어요.

* listen to music : 음악을 듣다

I'm not watching it.

아임 낱 와-췽 잍

저는 그것을 보고 있지 않아요.

* watch it : 그것을 보다

I'm leaving tomorrow.

아임 리-뷩 트마-로(r)우

저는 내일 떠나요.

* leave : 떠나다

I was sleeping.

아이 워즈(z) 슬리-핑

저는 자고 있었어요.

* sleep : 자다, 잠자다

I was going to give up.

아이 워즈(z) 고(우)잉 투 기브(v) 엎

저는 포기하려고 했어요.

* give up : 포기하다

I wasn't going to get married.

아이 워즌(트) 고(우)잉 투 겥 매뤼드

저는 결혼을 하지 않으려고 했어요.

* get married : 결혼하다

핵심 패턴

동사 패턴 073

I need to 동사원형.
[아이 니-(드) 투 ~]
저는 동사할 필요가 있어요. (저는 동사해야 해요.)
내가 무언가를 해야 할 필요가 있다고 말할 때

동사 패턴 074

I'm planning to 동사원형.
[아임 플래닝 투 ~]
저는 동사할 계획이에요.
내가 미래에 무언가를 할 계획이라고 말할 때

동사 패턴 075

I'm about to 동사원형.
[아임 어바웉 투 ~]
저는 동사하려던 참이에요.
내가 이제 막 무언가를 하려고 한다고 말할 때

동사 패턴 076

I was just about to 동사원형.
[아이 워즈(z) 져스트 어바웉 투 ~]
저는 막 동사하려던 참이었어요.
내가 방금 전 무언가를 하려고 했었다고 말할 때

동사 패턴 077

I'm thinking about 동사ing.
[아임 띵(th)킹 어바웉 ~]
저는 동사할까 생각 중이에요.
내가 무언가를 하는 것에 대해 생각 중이라고 말할 때

동사 패턴 078

I thought about 동사ing.
[아이 똩(th)- 어바웉 ~]
저는 동사할까 생각했었어요.
내가 무언가를 하는 것에 대해 생각했었다고 말할 때

대표 문장

I need to go to the bank.

아이 니-(드) 투 고(우) 투 더(th) 뱅크

저는 은행에 가야 해요.

* go to the bank : (그) 은행에 가다

I'm planning to visit Europe.

아임 플래닝 투 뷔짙 유-렆

저는 유럽을 방문할 계획이에요.

* visit Europe : 유럽을 방문하다

I'm about to go out.

아임 어바웉 투 고(우) 아웉

저는 외출하려던 참이에요.

* go out : 외출하다

I was just about to call you.

아이 워즈(z) 져스트 어바웉 투 콜- 유

(당신에게) 막 전화하려던 참이었어요.

* call you : 너에게 전화하다

I'm thinking about buying a car.

아임 띵(th)킹 어바웉 바잉 어 칼(r)-

저는 차를 살까 생각 중이에요.

* buy a car : 차를 사다

I thought about quitting my job.

아이 똩(th)- 어바웉 퀴링 마이 좝

저는 제 직업을 관두는 것에 대해 생각했었어요.

* quit my job : 나의 직업을 관두다

핵심 패턴

동사 패턴
079

I should 동사원형.
[아이 슈드 ~]
저는 동사해야 해요.
내가 무언가를 하는 것이 좋은 일 또는 좋은 생각이라고 말할 때

동사 패턴
080

I have to 동사원형.
[아이 해브(v) 투 ~]
저는 (반드시) 동사해야 해요.
내가 반드시 무언가를 해야만 한다고 말할 때

동사 패턴
081

I don't have to 동사원형.
[아이 돈(트) 해브(v) 투 ~]
저는 동사할 필요가 없어요.
내가 무언가를 꼭 할 필요는 없다고 말할 때

동사 패턴
082

I can 동사원형.
[아이 캔 ~]
❶ 저는 동사할 수 있어요. ❷ 저는 동사해도 돼요.
내가 무언가를 할 수 있는 능력이 있다고 말하거나 무언가를 해도 된다고 말할 때

동사 패턴
083

I can't 동사원형.
[아이 캔(트) ~]
저는 동사할 수 없어요.
내가 무언가를 할 수 없다고 말할 때

동사 패턴
084

I couldn't 동사원형.
[아이 쿠든(트) ~] [아이 쿠른(트) ~]
저는 동사할 수 없었어요.
내가 과거에 무언가를 할 수 없었다고 말할 때

MP3-014

대표 문장

I should cut down on coffee.

아이 슈드 컽 다운 온 커-퓌

저는 커피를 줄여야 해요.

* cut down on coffee : 커피를 줄이다

I have to go home.

아이 해브(v) 투 고(우) 호움

저는 집에 가야 해요.

* go home : 집에 가다

I don't have to worry about money.

아이 돈(트) 해브(v) 투 워-뤼 어바웉 머니

저는 돈 걱정을 할 필요가 없어요.

* worry about money : 돈에 대해 걱정하다, 돈 걱정을 하다

I can fix it.

아이 캔 퓍쓰 잍

저는 그것을 고칠 수 있어요.

* fix it : 그것을 고치다

I can't breathe.

아이 캔(트) 브뤼-드(th)

저는 숨을 쉴 수 없어요.

* breathe : 숨 쉬다

I couldn't solve the problem.

아이 쿠든(트) 쏠브(v) 더(th) 프롸블럼

저는 그 문제를 해결할 수 없었어요.

* solve the problem : 그 문제를 해결하다

핵심 패턴

동사 패턴
085

I had to 동사원형.
[아이 해드 투 ~]
저는 동사해야만 했어요.
내가 과거에 무언가를 반드시 해야 해서 했다고 말할 때

동사 패턴
086

I should have 과거분사(p.p.).
[아이 슈드 해브(v) ~]
저는 동사했어야 했어요.
내가 과거에 무언가를 했으면 좋았겠지만, 하지 않아 후회된다고 말할 때

동사 패턴
087

I shouldn't have 과거분사(p.p.).
[아이 슈든(트) 해브(v) ~] [아이 슈른(트) 해브(v) ~]
저는 동사하지 말았어야 했어요.
내가 과거에 무언가를 하지 않았으면 좋았겠지만, 해서 후회된다고 말할 때

동사 패턴
088

I wish I could 동사원형.
[아이 위쉬 아이 쿠드 ~]
제가 동사할 수 있으면 좋을 텐데요.
내가 현재 할 수 없는 것에 대한 소망을 말할 때

동사 패턴
089

If I were you, I would 동사원형.
[E프(f) 아이 월(r) 유, 아이 우드 ~]
제가 당신이라면, 저는 동사할 거예요.
내가 상대방이라고 가정했을 때, 어떻게 할 것인지에 대해 말할 때

동사 패턴
090

If I were you, I wouldn't 동사원형.
[E프(f) 아이 월(r) 유, 아이 우든(트) ~]
제가 당신이라면, 저는 동사하지 않을 거예요.
내가 상대방이라고 가정했을 때, 어떻게 하지 않을 것인지에 대해 말할 때

대표 문장

I had to cancel my trip.

아이 해드 투 캔쓸 마이 츠륖

저는 저의 여행을 취소해야만 했어요.

* cancel my trip : 나의 여행을 취소하다

I should have bought it.

아이 슈드 해브(v) 보-릩

저는 그것을 샀어야 했어요. (안 사서 후회됨)

* buy it : 그것을 사다

I shouldn't have stayed up all night.

아이 슈든(트) 해브(v) 스테이드 엎 올- 나잍

저는 밤새지 말았어야 했어요.

* stay up all night : 밤새다, 밤새 깨어 있다

I wish I could stay longer.

아이 위쉬 아이 쿠드 스테이 롱걸(r)

제가 더 오래 머물 수 있으면 좋을 텐데요.

* stay longer : 더 오래 머물다

If I were you, I would break up with him.

E프(f) 아이 월(r) 유, 아이 우드 브뤠이크 엎 위드(th) 힘

제가 당신이라면, 저는 그와 헤어질 거예요.

* break up with him : 그와 헤어지다

If I were you, I wouldn't marry her.

E프(f) 아이 월(r) 유, 아이 우든(트) 매뤼 헐(r)

제가 당신이라면, 저는 그녀와 결혼하지 않을 거예요.

* marry her : 그녀와 결혼하다

핵심 패턴

동사 패턴 091

I regret 동사ing.
[아이 뤼그렡 ~]
저는 동사한 것을 후회해요.
내가 무엇에 대해 후회하는지 직접적으로 풀어서 말할 때

동사 패턴 092

I'd rather 동사원형.
[아이드 뤠덜(th/r) ~]
저는 차라리 동사하겠어요.
다른 선택을 하는 것보다 이것을 선택하는 것이 더 낫겠다고 말할 때

동사 패턴 093

I decided to 동사원형.
[아이 디싸이디드 투 ~] [아이 디싸이리(드) 투 ~]
저는 동사하기로 결심했어요.
내가 무언가를 하기로 결심 또는 결정했다고 말할 때

동사 패턴 094

I decided not to 동사원형.
[아이 디싸이디드 낱 투 ~]
저는 동사하지 않기로 결심했어요.
내가 무언가를 하지 않기로 결심 또는 결정했다고 말할 때

동사 패턴 095

I have no choice but to 동사원형.
[아이 해브(v) 노(우) 쵸이쓰 벝 투 ~]
저는 동사하는 것 외에 선택의 여지가 없어요.
현재 무언가를 하는 것 외에 다른 선택지가 없다고 말할 때

동사 패턴 096

I had no choice but to 동사원형.
[아이 해드 노(우) 쵸이쓰 벝 투 ~]
저는 동사하는 것 외에 선택의 여지가 없었어요.
과거에 무언가를 하는 것 외에 다른 선택지가 없었다고 말할 때

대표 문장

I regret getting a tattoo.
아이 뤼그렡 게링 어 타투-
저는 문신한 것을 후회해요.
* get a tattoo : 문신을 하다

I'd rather starve to death.
아이드 뤠덜(th/r) 스탈(r)-브(v) 투 데뜨(th)
저는 차라리 굶어 죽겠습니다.
* starve to death : 굶어 죽다

I decided to invest in stocks.
아이 디싸이디드 투 인붸스트 인 스탁쓰
저는 주식에 투자하기로 결심했어요.
* invest in stocks : 주식에 투자하다

I decided not to hire him.
아이 디싸이디드 낱 투 하이얼(r) 힘
저는 그를 고용하지 않기로 결심했어요.
* hire him : 그를 고용하다

I have no choice but to put off my trip.
아이 해브(v) 노(우) 쵸이쓰 벋 투 풑 어프(f) 마이 츠륖
저는 저의 여행을 미루는 것 외에 선택의 여지가 없어요.
* put off my trip : 나의 여행을 미루다, 나의 여행을 연기하다

I had no choice but to fire the employee.
아이 해드 노(우) 쵸이쓰 벋 투 퐈이얼(r) 디(th) 임플로이-
저는 그 직원을 해고하는 것 외에 선택의 여지가 없었어요.
* fire the employee : 그 직원을 해고하다

핵심 패턴

동사 패턴 097

I'm trying to 동사원형.

[아임 트롸잉 투 ~] [아임 츠롸잉 투 ~]

저는 동사하려고 노력 중이에요.

내가 무언가를 하기 위해서 노력하는 중이라고 말할 때

동사 패턴 098

I try to 동사원형.

[아이 트롸이 투 ~] [아이 츠롸이 투 ~]

저는 동사하려고 노력해요.

내가 무언가를 하기 위해서 평소 또는 일반적으로 노력한다고 말할 때

동사 패턴 099

I tried to 동사원형.

[아이 트롸이드 투 ~] [아이 츠롸이(드) 투 ~]

저는 동사하려고 노력했어요.

내가 무언가를 하려고 과거에 노력했었다고 말할 때 쓰이며, 노력했지만 원하는 결과를 얻지 못했을 때 자주 쓰이는 표현

동사 패턴 100

I try not to 동사원형.

[아이 트롸이 낱 투 ~] [아이 츠롸이 낱 투 ~]

저는 동사하지 않으려고 노력해요.

내가 무언가를 하지 않으려고 평소 또는 일반적으로 노력한다고 말할 때

동사 패턴 101

I do my best to 동사원형.

[아이 두- 마이 베스트 투 ~]

저는 동사하기 위해서 최선을 다해요.

내가 무언가를 하기 위해서 평소 또는 일반적으로 최선을 다한다고 말할 때

동사 패턴 102

I did my best to 동사원형.

[아이 디드 마이 베스트 투 ~]

저는 동사하기 위해서 최선을 다했어요.

내가 무언가를 하기 위해서 과거에 최선을 다했었다고 말할 때

대표 문장

I'm trying to lose weight.

아임 트롸잉 투 루-즈 웨잍

저는 살을 빼려고 노력 중이에요.

* lose weight : 살을 빼다, 살이 빠지다

I try to stay healthy.

아이 트롸이 투 스테이 헬띠(th)

저는 건강을 유지하려고 노력해요.

* stay healthy : 건강을 유지하다

I tried to finish it on time.

아이 트롸이드 투 퓌니쉬 잍 온 타임

저는 그것을 제 시간에 끝내려고 노력했어요.

* finish it on time : 그것을 제 시간에 끝내다

I try not to stay up too late.

아이 트롸이 낱 투 스테이 엎 투- 레잍

저는 너무 늦게까지 깨어 있지 않으려고 노력해요.

* stay up too late : 너무 늦게까지 깨어 있다

I do my best to keep in shape.

아이 두- 마이 베스트 투 킾- 인 쉐잎

저는 몸매를 유지하기 위해서 최선을 다해요.

* keep in shape : 좋은 몸매를 유지하다, 건강한 몸을 유지하다

I did my best to pass the test.

아이 디드 마이 베스트 투 패쓰 더(th) 테스트

저는 그 시험에 합격하기 위해 최선을 다했어요.

* pass the test : (그) 시험에 합격하다, (그) 시험을 통과하다

핵심 패턴

동사 패턴 103

Don't forget to 동사원형!

[돈(트) 풜(r)겥 투 ~] [돈(트) 폴(f/r)겥 투 ~]

동사하는 것을 잊지 마세요!

상대방에서 무언가를 해야 하는 것을 잊지 말라고 말할 때

동사 패턴 104

I forgot to 동사원형.

[아이 풜(r)같 투 ~] [아이 폴(f/r)같 투 ~]

저는 동사하는 것을 깜빡했어요.

내가 무언가를 해야 하는 것을 잊어버렸다고 말할 때

동사 패턴 105

I told you to 동사원형.

[아이 톨(드) 유 투 ~] [아이 톨쥬 투 ~]

제가 (당신에게) 동사하라고 했잖아요.

상대방에게 무언가를 하라고 지시 또는 명령을 했음에도 상대방이 그것을 하지 않은 것에 대해 불만 섞인 어조로 말할 때 주로 쓰는 표현

동사 패턴 106

I told you not to 동사원형.

[아이 톨(드) 유 낱 투 ~] [아이 톨쥬 낱 투 ~]

제가 (당신에게) 동사하지 말라고 했잖아요.

상대방에게 무언가를 하지 말라고 지시 또는 명령을 했음에도 상대방이 그것을 한 것에 대해 불만 섞인 어조로 말할 때 주로 쓰는 표현

동사 패턴 107

I managed to 동사원형.

[아이 매니쥐드 투 ~]

저는 가까스로 동사해냈어요.

어려움을 극복하고, 노력을 통해서 어떠한 일을 성공적으로 해냈다고 말할 때

동사 패턴 108

I will do anything to 동사원형.

[아이 윌 두- 에니띵(th) 투 ~]

저는 동사하기 위해서 무엇이든 할 거예요.

내가 무언가를 해내기 위해서는 어떤 일이든 하겠다고 강한 의지를 표현하여 말할 때

대표 문장

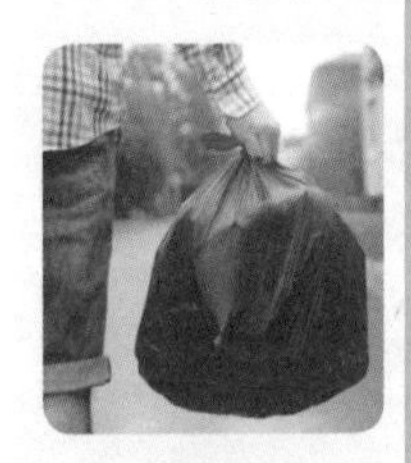

Don't forget to take out the garbage!

돈(트) 풔(r)겥 투 테잌 아웉 더(th) 갈(r)-비쥐

쓰레기 (내다) 버리는 거 잊지 마세요!

* take out the garbage : 쓰레기를 내다 버리다

I forgot to bring my passport.

아이 풔(r)같 투 브륑 마이 패쓰폴(r)-트

저는 제 여권을 가져오는 것을 깜빡했어요.

* bring my passport : 나의 여권을 가져오다

I told you to wash your hands.

아이 톨(드) 유 투 워쉬 유얼(r) 핸즈

제가 손 씻으라고 했잖아요.

* wash your hands : 너의 손을 씻다

I told you not to lend him money.

아이 톨(드) 유 낱 투 렌드 힘 머니

그에게 돈을 빌려주지 말라고 했잖아요.

* lend him money : 그에게 돈을 빌려주다

I managed to get the tickets.

아이 매니쥐드 투 겥 더(th) 티킽츠

저는 가까스로 그 표를 구했어요.

* get the tickets : 그 표를 구하다, 그 티켓을 구하다

I will do anything to make her happy.

아이 윌 두- 에니띵(th) 투 메잌 헐(r) 해피

저는 그녀를 행복하게 하기 위해 무엇이든 할 거예요.

* make her happy : 그녀를 행복하게 하다, 그녀를 행복하게 만들다

핵심 패턴

동사 패턴 109

I can't wait to 동사원형.

[아이 캔(트) 웨잍 투 ~]

저는 빨리 동사하고 싶어요.

기다릴 수 없을 정도로 빨리 무언가를 하고 싶다고 말할 때

동사 패턴 110

I can't stop 동사ing.

[아이 캔(트) 스탚 ~]

저는 동사하는 것을 멈출 수가 없어요.

내가 무언가를 하는 것을 멈출 수가 없다고 말할 때

동사 패턴 111

I can't help 동사ing.

[아이 캔(트) 헬프 ~]

저는 동사하지 않을 수가 없어요.

내가 어떠한 행동을 하는 것이 자연적으로 일어나서 스스로 통제할 수 없음을 표현하며 말할 때

동사 패턴 112

I ended up 동사ing.

[아이 엔디드 엎 ~] [아이 엔디덮 ~]

저는 결국 동사했어요.

일정한 노력에도 불구하고 처음에 의도한 바와 다르게 결국 어떠한 일이 일어났다고 말할 때

동사 패턴 113

I had trouble 동사ing.

[아이 해드 트뤄블 ~] [아이 해드 츠뤄블 ~]

저는 동사하는 데 어려움을 겪었어요.

과거에 내가 무언가를 하는 데 어려움을 겪었다고 말할 때

동사 패턴 114

I didn't mean to 동사원형.

[아이 디든(트) 민- 투 ~]

저는 동사하려던 것은 아니었어요.

내가 의도치 않게 무언가를 했다고 상대방에게 나의 의도에 대해 설명하거나 유감을 표명할 때

대표 문장

I can't wait to see you.
아이 캔(트) 웨잍 투 씨- 유
저는 빨리 당신이 보고 싶어요.
* see you : 너를 보다, 너를 만나다

I can't stop smiling.
아이 캔(트) 스탑 스마일링
저는 미소가 멈추질 않아요.
* smile : (미소 지어) 웃다, 미소 짓다

I can't help laughing.
아이 캔(트) 헬프 래핑
저는 웃지 않을 수가 없어요.
* laugh : (소리 내어) 웃다

I ended up falling asleep.
아이 엔디드 엎 폴(f)-링 어슬맆-
저는 결국 잠들었어요.
* fall asleep : 잠들다

I had trouble finding the place.
아이 해드 트뤄블 파인딩 더(th) 플레이쓰
저는 그 장소를 찾는 데 어려움을 겪었어요.
* find the place : 그 장소를 찾다, 그곳을 발견하다

I didn't mean to bother you.
아이 디든(트) 민- 투 바덜(th/r) 유
(저는) 당신을 귀찮게 하려던 것은 아니었어요.
* bother you : 너를 귀찮게 하다, 너를 귀찮게 괴롭히다

핵심 패턴

동사 패턴 115

I promise to 동사원형.
[아이 프라미쓰 투 ~]
저는 동사하겠다고 약속해요.
내가 무언가를 하겠다고 약속할 때

동사 패턴 116

I hope you 동사원형.
[아이 호웊 유 ~]
저는 당신이 동사하길 바랍니다.
상대방이 무언가를 하길 바란다고 나의 바람을 말할 때

동사 패턴 117

I'll help you 동사원형.
[아일 헬프 유 ~] [아일 헬퓨 ~]
(제가) 당신이 동사하는 것을 도와드릴게요.
내가 상대방이 무언가를 하는 것을 도와주겠다고 말할 때

동사 패턴 118

I'm used to 동사ing.
[아임 유-쓰(트) 투 ~]
저는 동사하는 것에 익숙해요.
내가 무언가 하는 것에 익숙하다고 말할 때

동사 패턴 119

I'm not used to 동사ing.
[아임 낱 유-쓰(트) 투 ~]
저는 동사하는 것에 익숙하지 않아요.
내가 무언가 하는 것에 익숙하지 않다고 말할 때

동사 패턴 120

I'm getting used to 동사ing.
[아임 게링 유-쓰(트) 투 ~]
저는 동사하는 것에 익숙해지고 있어요.
내가 무언가 하는 것에 점점 익숙해지고 있는 중이라고 말할 때

대표 문장

I promise to keep it a secret.

아이 프롸미쓰 투 킾- 잍 어 씨-크륕

(저는) 그것을 비밀로 하겠다고 약속해요.

* keep it a secret : 그것을 비밀로 하다

I hope you have a safe trip.

아이 호웊 유 해브(v) 어 쎄이프(f) 츠륖

안전한 여행 되시길 바랍니다. (의역)

* have a safe trip : 안전한 여행을 하다

I'll help you improve your English.

아일 헬퓨 임프루(r)-브(v) 유얼(r) 잉글리쉬

제가 당신이 영어 실력을 향상시키는 것을 도와드릴게요.

* improve your Engllish : 너의 영어 실력을 향상시키다

I'm used to living alone.

아임 유-쓰(트) 투 리빙 얼로운

저는 혼자서 사는 것에 익숙합니다.

* live alone : 혼자서 살다

I'm not used to eating alone.

아임 낱 유-쓰(트) 투 E-링 얼로운

저는 혼자서 식사하는 것에 익숙하지 않아요.

* eat alone : 혼자서 식사하다, 혼자서 먹다

I'm getting used to working from home.

아임 게링 유-쓰(트) 투 월(r)-킹 프(f)뤔 호움

저는 재택근무하는 것에 익숙해지고 있어요.

* work from home : 재택근무를 하다

핵심 패턴

동사 패턴 121

I spent all day 동사ing.
[아이 스펜트 올- 데이 ~]
저는 동사하면서 하루를 다 보냈어요.
내가 하루 종일 무엇을 하며 보냈는지 강조하여 말할 때

동사 패턴 122

I'm busy 동사ing.
[아임 비지(z) ~]
저는 동사하느라 바빠요.
현재 내가 무엇을 하느라 바쁜지 말할 때

동사 패턴 123

I was busy 동사ing.
[아이 워즈(z) 비지(z) ~]
저는 동사하느라 바빴어요.
과거에 내가 무엇을 하느라 바빴었는지 말할 때

동사 패턴 124

I was too busy to 동사원형.
[아이 워즈(z) 투- 비지(z) 투 ~]
저는 동사하기에는 너무 바빴어요.
과거에 내가 너무 바빠서 무언가를 못했다고 말할 때

동사 패턴 125

I'm too young to 동사원형.
[아임 투- 영 투 ~]
저는 동사하기에는 너무 어려요.
무언가를 하기에는 현재 내가 너무 어리거나 젊다고 말할 때

동사 패턴 126

I'm old enough to 동사원형.
[아임 오읔드 E너프(f) 투 ~]
저는 동사할 수 있는 나이가 되었어요.
내가 무언가를 할 만큼 충분히 나이가 많다고 말할 때

대표 문장

I spent all day making kimchi.

아이 스펜트 올- 데이 메이킹 김치

저는 김치를 담그며 하루를 다 보냈어요.

* make kimchi : 김치를 만들다, 김치를 담그다

I'm busy cleaning the house.

아임 비지(z) 클리-닝 더(th) 하우쓰

저는 집을 청소하느라 바빠요.

* clean the house : 집을 청소하다

I was busy doing my homework.

아이 워즈(z) 비지(z) 두-잉 마이 홈-월(r)크

저는 숙제를 하느라 바빴어요.

* do my homework : 나의 숙제를 하다

I was too busy to text you.

아이 워즈(z) 투- 비지(z) 투 텍쓰트 유

저는 당신에게 문자를 하기에는 너무 바빴어요.

* text you : 너에게 문자하다, 너에게 문자 메시지를 보내다

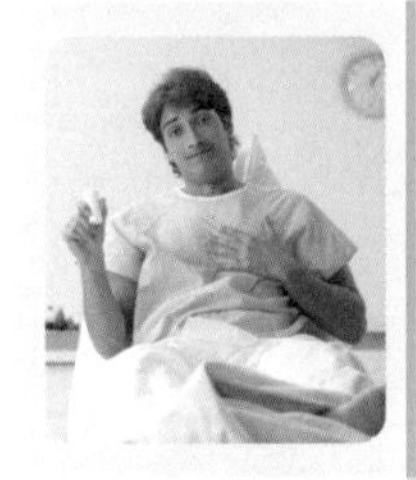

I'm too young to die.

아임 투- 영 투 다이

저는 죽기에는 너무 어려요. (젊어요)

* die : 죽다

I'm old enough to babysit.

아임 오울드 E너프(f) 투 베이비씯

저는 아이를 돌볼 수 있는 나이가 되었어요.

* babysit : 아이를 돌봐주다, 아기를 돌봐주다

핵심 패턴

동사 패턴
127

I'm too tired to 동사원형.
[아임 투- 타이얼(r)드 투 ~]
저는 동사하기에는 너무 피곤해요.
현재 내가 너무 피곤해서 무언가를 하지 못하겠다고 말할 때

동사 패턴
128

I'm tired of 동사ing.
[아임 타이얼(r)드 어브(v) ~]
저는 동사하는 것에 질렸어요.
무언가를 하는 것에 싫증이 나거나 질린 상태라고 말할 때

동사 패턴
129

I'm sick of 동사ing.
[아임 씩 어브(v) ~]
저는 동사하는 것에 질렸어요.
무언가를 하는 것에 싫증이 나거나 질린 상태라고 말할 때

동사 패턴
130

I was surprised to 동사원형.
[아이 워즈(z) 썰(r)프롸이즈드 투 ~]
저는 동사해서 놀랐었어요.
예상치 못한 일이 일어난 것에 대해 내가 놀랐었다고 말할 때

동사 패턴
131

I was so relieved to 동사원형.
[아이 워즈(z) 쏘(우) 륄리-브(v)드 투 ~]
저는 동사해서 매우 마음이 놓였어요.
어떠한 일이 일어나서 내가 매우 안도했었다고 말할 때

동사 패턴
132

You can 동사원형.
[유 캔 ~]
❶ 당신은 동사할 수 있어요. ❷ 당신은 동사해도 돼요.
상대방이 무언가를 할 수 있다고 상대방의 능력에 대해 말하거나
상대방이 무언가를 해도 된다고 허락의 의미를 전달하여 말할 때

대표 문장

I'm too tired to go to the gym.

아임 투- 타이얼(r)드 투 고(우) 투 더(th) 쥠

저는 헬스장에 가기에는 너무 피곤해요.

* go to the gym : 헬스장에 가다, 체육관에 가다

I'm tired of arguing with you.

아임 타이얼(r)드 어브(v) 알(r)-규-잉 위드(th) 유

저는 당신과 말다툼하는 것에 질렸어요.

* argue with you : 너와 말다툼하다, 너와 언쟁하다

I'm sick of studying for exams.

아임 씩 어브(v) 스터디잉 폴(f/r) E그젬쓰

저는 시험공부를 하는 것에 질렸어요.

* study for exams : 시험공부를 하다

I was surprised to hear the news.

아이 워즈(z) 썰(r)프롸이즈드 투 히얼(r) 더(th) 뉴-즈(z)

저는 그 소식을 듣고 놀랐었어요.

* hear the news : 그 소식을 듣다

I was so relieved to find my wallet.

아이 워즈(z) 쏘(우) 륄리-브(v)드 투 파인드 마이 월릩

저는 제 지갑을 찾아서 매우 마음이 놓였어요.

* find my wallet : 나의 지갑을 발견하다, 나의 지갑을 찾다

You can park here.

유 캔 팔(r)-크 히얼(r)

여기에 주차해도 됩니다.

* park here : 여기에 주차하다

핵심 패턴

동사 패턴 133

You will 동사원형. = You'll 동사원형.
[유 윌 ~] [유을 ~]

당신은 동사할 거예요.
상대방이 미래에 어떠할 것이라고 예상 또는 추측하여 말할 때

동사 패턴 134

You should 동사원형.
[유 슈드 ~]

당신은 동사해야 해요.
상대방이 무언가를 하는 것이 좋은 일 또는 좋은 생각이라고 조언이나 충고를 하며 말할 때

동사 패턴 135

You have to 동사원형.
[유 해브(v) 투 ~]

당신은 (반드시) 동사해야 해요.
상대방이 반드시 무언가를 해야만 한다고 말할 때

동사 패턴 136

You don't have to 동사원형.
[유 돈(트) 해브(v) 투 ~]

당신은 동사할 필요가 없어요.
상대방이 무언가를 꼭 할 필요는 없다고 말할 때

동사 패턴 137

You will have to 동사원형.
[유 윌 해브(v) 투 ~]

당신은 동사해야만 할 거예요.
상대방이 미래에 반드시 무언가를 해야만 할 것이라고 말할 때

동사 패턴 138

You'd better 동사원형.
[유드 베럴(l/r) ~]

(당신은) 동사하는 게 좋을 거예요.
상대방이 무언가를 하는 게 좋을 것이라고 강하게 권할 때 주로 쓰이며, 그렇지 않은 경우 좋지 않은 결과를 초래할 수 있다는 의미를 내포

대표 문장

You'll get used to it.

유을 겥 유-쓰(트) 투 잍

당신은 그것에 익숙해질 거예요.

* get used to it : 그것에 익숙해지다

You should see a doctor.

유 슈드 씨- 어 닼털(r)

(당신은) 진찰받아야 해요.

* see a doctor : 진찰받다, 병원에 가다

You have to pay in cash.

유 해브(v) 투 페이 인 캐쉬

(당신은) 현금으로 지불하셔야 합니다.

* pay in cash : 현금으로 지불하다

You don't have to pay for dinner.

유 돈(트) 해브(v) 투 페이 폴(f/r) 디널(r)

(당신은) 저녁값을 지불하실 필요가 없어요.

* pay for dinner : 저녁값을 지불하다, 저녁값을 내다

You will have to take a taxi.

유 윌 해브(v) 투 테잌 어 택씨

(당신은) 택시를 타야만 할 거예요.

* take a taxi : 택시를 타다

You'd better listen to me.

유드 베럴(l/r) 리쓴 투 미

(당신) 제 말을 듣는 게 좋을 거예요.

* listen to me : 나의 말을 듣다, 나의 말에 귀 기울이다

핵심 패턴

동사 패턴 139

You deserve to 동사원형.
[유 디졀(r)-브(v) 투 ~]
당신은 동사할 자격이 있어요.
상대방이 어떠한 긍정적인 결과를 얻을 자격이 있다고 말하거나 부정적인 결과를 받은 것이 그럴 만하다고 말할 때

동사 패턴 140

You seem to 동사원형.
[유 씸- 투 ~]
당신은 동사하는 것 같아요.
상대방을 관찰한 결과로 상대방이 어떤 것 같다고 말할 때

동사 패턴 141

You don't seem to 동사원형.
[유 돈(트) 씸- 투 ~]
당신은 동사하는 것 같지 않아요.
상대방을 관찰한 결과로 상대방이 어떤 것 같지 않다고 말할 때

동사 패턴 142

You shouldn't have 과거분사(p.p.).
[유 슈든(트) 해브(v) ~] [유 슈른(트) 해브(v) ~]
당신은 동사하지 말았어야 했어요.
상대방이 무언가를 하지 말았어야 한다고 상대방에게 화남을 표현하거나 상대방이 해 준 무언가에 대해 감사함을 표현할 때

동사 패턴 143

It's time to 동사원형.
[읻츠 타임 투 ~]
동사할 시간이에요.
무언가를 할 시간이라고 말하거나 알릴 때

동사 패턴 144

It's time for you to 동사원형.
[읻츠 타임 폴(f/r) 유 투 ~]
당신이 동사할 시간이에요.
상대방이 무언가를 할 시간이라고 말하거나 알릴 때

대표 문장

You deserve to win.

유 디졀(r)-브(v) 투 윈

당신은 승리할 자격이 있어요.

* win : 이기다, 승리하다

You seem to have a lot of experience.

유 씸- 투 해브(v) 얼랕 어브(v) 익쓰피(으)뤼언쓰

당신은 많은 경험을 가지고 있는 것 같아요.

* have a lot of experience : 많은 경험을 가지고 있다

You don't seem to remember me.

유 돈(트) 씸- 투 뤼멤뷜(r) 미

당신은 저를 기억하지 못하는 것 같네요. (의역)

* remember me : 나를 기억하다

You shouldn't have looked down on me.

유 슈듼(트) 해브(v) 룩트 다운 온 미

당신은 저를 깔보지 말았어야 했어요.

* look down on me : 나는 깔보다, 나를 무시하다

It's time to wake up.

잍츠 타임 투 웨잌 엎

일어날 시간이에요.

* wake up : 잠에서 깨다

It's time for you to grow up.

잍츠 타임 폴(f/r) 유 투 그로(r)우 엎

당신이 철들 때가 되었어요. (의역)

* grow up : 자라다, 성장하다, 철들다

핵심 패턴

동사 패턴 **145**

It's my first time 동사ing.
[잍츠 마이 풜(r)-스트 타임 ~]
동사하는 건 처음이에요.
내가 처음 해 보는 무언가에 대해서 들뜬 마음 또는 긴장되는 마음 등을 표현하며 말할때

동사 패턴 **146**

It's important to 동사원형.
[잍츠 임폴(r)-튼트 투 ~] [잍츠 임폴(r)-은(트) 투 ~]
동사하는 것은 중요해요.
무언가를 하는 것이 중요하다고 말할 때

동사 패턴 **147**

It's difficult to 동사원형.
[잍츠 디퓌컬트 투 ~]
❶ 동사하는 것은 어려워요. ❷ 그것은 동사하기에 어려워요.
무언가를 하는 것이 어렵다고 말할 때

동사 패턴 **148**

It's hard to 동사원형.
[잍츠 할(r)-드 투 ~]
❶ 동사하는 것은 힘들어요. ❷ 동사하는 것은 어려워요.
무언가를 하는 것이 힘들거나 어렵다고 말할 때

동사 패턴 **149**

It's hard for me to 동사원형.
[잍츠 할(r)-드 폴(f/r) 미 투 ~]
❶ 제가 동사하는 것은 힘들어요. ❷ 제가 동사하는 것은 어려워요.
내가 무언가를 것이 힘들거나 어렵다고 말할 때

동사 패턴 **150**

It was nice 동사ing.
[잍 워즈(z) 나이쓰 ~]
동사해서 좋았어요.
무언가를 해서 좋았다고 말하거나 즐거운 시간을 보냈다고 말할 때

대표 문장

It's my first time traveling alone.

잍츠 마이 풜(r)-스트 타임 트뤠블(v)링 얼로운

혼자서 여행하는 것은 처음이에요.

* travel alone : 혼자서 여행하다

It's important to keep your promise.

잍츠 임폴(r)-튼트 투 킾- 유얼(r) 프롸미쓰

(당신의) 약속을 지키는 것은 중요해요.

* keep your promise : 너의 약속을 지키다

It's difficult to explain.

잍츠 디퓌컬트 투 익쓰플레인

(그것은) 설명하기 어려워요.

* explain : 설명하다

It's hard to quit smoking.

잍츠 할(r)-드 투 퀱 스모(우)킹

담배를 끊는 것은 힘들어요.

* quit smoking : 담배를 끊다

It's hard for me to say no.

잍츠 할(r)-드 폴(f/r) 미 투 쎄이 노(우)

저는 거절하는 것이 어려워요.

* say no : 거절하다, '아니'라고 말하다

It was nice talking to you.

잍 워즈(z) 나이쓰 토-킹 투 유

당신과 대화해서 좋았어요.

* talk to you : 너와 이야기하다, 너와 대화하다

핵심 패턴

동사 패턴 151

It's worth 동사ing.

[잍츠 월(r)-뜨(th) ~] [잍츠 월(r)-쓰 ~]

(그것은) 동사할 가치가 있어요.

어떠한 노력이나 행동이 충분히 가치가 있다고 말할 때

동사 패턴 152

It made me want to 동사원형.

[잍 메이드 미 원(트) 투 ~]

그것은 제가 동사하고 싶게 만들었어요.

앞서 언급된 어떤 것이 내가 무언가를 하고 싶은 마음이 들게 했다고 말할 때

동사 패턴 153

That's the best way to 동사원형.

[댙(th)츠 더(th) 베스트 웨이 투 ~]

그것이 동사하는 최고의 방법이에요.

앞서 언급된 어떤 것이 무언가를 하는 최고의 방법이라고 말할 때

동사 패턴 154

There's nothing to 동사원형.

[데(th)얼즈 나띵(th) 투 ~]

동사할 것이 아무것도 없어요.

무언가를 할 것이 전혀 없다고 말할 때

대표 문장

It's worth trying.

읻츠 월(r)-뜨(th) 트롸잉

(그것은) 시도해 볼 가치가 있어요.

* try : 시도하다, 노력하다

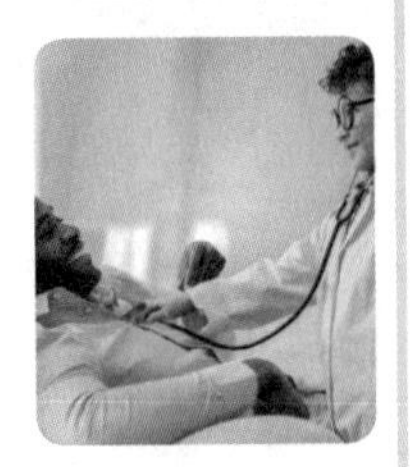

It made me want to become a doctor.

잍 메이드 미 원(트) 투 비컴 어 닥털(r)

그것은 제가 의사가 되고 싶게 만들었어요.

* become a doctor : 의사가 되다

That's the best way to make money.

댙(th)츠 더(th) 베스트 웨이 투 메잌 머니

그것이 돈을 버는 최고의 방법이에요.

* make money : 돈을 벌다

There's nothing to fear.

데(th)얼즈 나띵(th) 투 퓌얼(r)

두려워할 것은 없어요.

* fear : (~을) 두려워하다

MP3 다운로드 & 듣기

PART 02

영어가 입에서 튀어나오는 동사 질문패턴 001-037

핵심 패턴

동사 질문패턴 001	**Are you 동사ing?** [알(r) 유 ~?] **(당신) 동사하는 중인가요?** 상대방이 지금 무언가를 하고 있는 중인지 물을 때
동사 질문패턴 002	**Do you 동사원형?** [두 유 ~?] **(평소, 일반적으로) 당신은 동사하시나요?** 상대방이 평소 또는 일반적으로 무언가를 하는지 물을 때
동사 질문패턴 003	**Did you 동사원형?** [디드 유 ~?] [디쥬 ~?] **당신은 동사했나요?** 상대방이 과거에 무언가를 했는지 물을 때
동사 질문패턴 004	**Are you going to 동사원형?** [알(r) 유 고(우)잉 투 ~?] **당신은 동사할 건가요?** 상대방이 미래에 무언가를 할 예정인지 물을 때
동사 질문패턴 005	**Have you ever 과거분사(p.p.)?** [해브(v) 유 에붤(r) ~?] [해뷰(v) 에붤(r) ~?] **당신은 동사해 본 적 있나요?** 상대방이 무언가를 해 본 적 있는지 경험에 대해 물을 때
동사 질문패턴 006	**Have you 과거분사(p.p.) before?** [해브(v) 유 ~ 비폴(f/r)-?] [해뷰(v) ~ 비폴(f/r)-?] **당신은 전에 동사해 본 적 있나요?** 상대방이 전에 무언가를 해 본 적 있는지 경험에 대해 물을 때

대표 문장

Are you having fun?

알(r) 유 해뷩 풘?

(당신) 즐거운 시간을 보내고 있나요?

* have fun : 즐거운 시간을 보내다, 재미있는 시간을 보내다

Do you smoke?

두 유 스모(우)크?

(당신은) 담배를 피우시나요?

* smoke : 담배를 피우다, 흡연하다

Did you sleep well?

디쥬 슬맆- 웰?

(당신) 잘 주무셨나요?

* sleep well : 잘 자다

Are going to invite Tom?

알(r) 유 고(우)잉 투 인봐이트 탐?

당신은 Tom을 초대할 건가요?

* invite Tom : Tom을 초대하다

Have you ever ridden a horse?

해뷰(v) 에뷜(r) 뤼든 어 홀(r)-쓰?

당신은 말을 타 본 적 있나요?

* ride a horse : 말을 타다

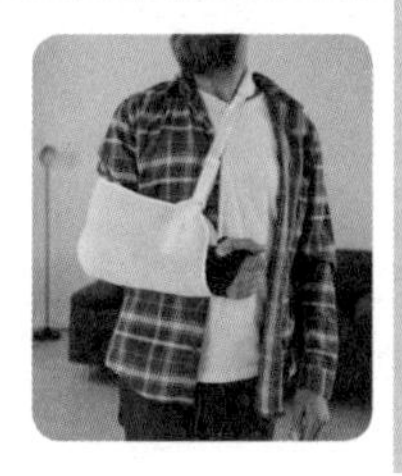

Have you broken a bone before?

해뷰(v) 브로(우)큰 어 보운 비폴(f/r)-?

(당신은) 전에 뼈가 부러져 본 적 있나요?

* break a bone : 뼈가 부러지다

핵심 패턴

동사 질문패턴 007	**Are you still 동사ing?** [알(r) 유 스틸 ~?] [알(r) 유 스띨 ~?] **(당신) 여전히 동사하고 있는 중인가요?** 상대방이 여전히 동사하고 있는지 물을 때
동사 질문패턴 008	**Why are you 동사ing?** [와이 알(r) 유 ~?] **당신은 왜 동사하고 있나요?** 상대방이 왜 무언가를 하고 있는 중인지 물을 때
동사 질문패턴 009	**Where do you 동사원형?** [웨얼(r) 두 유 ~?] **당신은 어디에서 동사하나요?** 상대방이 어디에서 무언가를 하는지 일반적인 사실에 대해 물을 때
동사 질문패턴 010	**How often do you 동사원형?** [하우 어-픈(f) 두 유 ~?] **당신은 얼마나 자주 동사하나요?** 상대방이 평소 얼마나 자주 무언가를 하는지 물을 때
동사 질문패턴 011	**How many times a week do you 동사원형?** [하우 메니 타임즈 어 위-크 두 유 ~?] **당신은 일주일에 몇 번 동사하시나요?** 상대방이 일주일에 몇 번 무언가를 하는지 물을 때
동사 질문패턴 012	**Who 동사 과거형?** [후 ~?] **누가 동사했나요?** 누가 어떤 일을 하거나 저질렀는지 물어볼 때

대표 문장

Are you still looking for a job?

알(r) 유 스틸 루킹 폴(f/r) 어 좝?

당신은 여전히 직장을 찾고 있나요?

* look for a job : 직장을 찾다, 구직활동을 하다

Why are you crying?

와이 알(r) 유 크롸(이)잉?

왜 울어요? (왜 울고 있어요?)

* cry : 울다

Where do you live?

웨얼(r) 두 유 리브(v)?

(당신은) 어디에서 사세요?

* live : 살다

How often do you wash your hair?

하우 어-픈(f) 두 유 워쉬 유얼(r) 헤얼(r)?

당신은 얼마나 자주 머리를 감나요?

* wash your hair : (너의) 머리를 감다

How many times a week do you work out?

하우 메니 타임즈 어 위-크 두 유 월(r)-크 아웃?

(당신은) 일주일에 몇 번 운동을 하시나요?

* work out : 운동하다, 헬스하다

Who broke the window?

후 브로(우)크 더(th) 윈도우?

누가 창문을 깼나요?

* break the window : (그) 창문을 깨다

핵심 패턴

동사 질문패턴 013	**Where did you 동사원형?** [웨얼(r) 디드 유 ~?] [웨얼(r) 디쥬 ~?] **당신은 어디에서 동사했나요?** 상대방이 어디에서 무언가를 했는지 물을 때
동사 질문패턴 014	**How did you 동사원형?** [하우 디드 유 ~?] [하우 디쥬 ~?] **당신은 어떻게 동사했나요?** 상대방이 어떻게 무언가를 했는지 물을 때
동사 질문패턴 015	**Why did you 동사원형?** [와이 디드 유 ~?] [와이 디쥬 ~?] **당신은 왜 동사했나요?** 상대방이 왜 무언가를 했는지 물을 때
동사 질문패턴 016	**Why would you 동사원형?** [와이 우드 유 ~?] [와이 우쥬 ~?] **당신은 왜 동사하시는 거죠?** 상대방이 왜 무언가를 했거나 하려는지 이해가 되지 않아 물을 때
동사 질문패턴 017	**When did you 동사원형?** [웬 디드 유 ~?] [웬 디쥬 ~?] **당신은 언제 동사했나요?** 상대방이 언제 무언가를 했는지 물을 때
동사 질문패턴 018	**When are you going to 동사원형?** [웬 알(r) 유 고(우)잉 투 ~?] **당신은 언제 동사할 건가요?** 상대방이 언제 무언가를 할 예정인지 물을 때

대표 문장

Where did you hide it?

웨얼(r) 디쥬 하이드 잍?

(당신은) 그것을 어디에 숨겼나요?

* hide it : 그것을 숨기다

How did you get there?

하우 디쥬 겥 데(th)얼(r)?

거기에 어떻게 갔어요? (의역)

* get there : 거기에 도착하다

Why did you ignore me?

와이 디쥬 E그노얼(r) 미?

왜 저를 못 본 체했나요?

* ignore me: 나를 못 본 체하다, 나를 무시하다

Why would you say that?

와이 우쥬 쎄이 댙(th)?

왜 그런 말을 하시는 거죠?

* say that : 그 말을 하다

When did you get here?

웬 디쥬 겥 히얼(r)?

여기에 언제 왔어요? (의역)

* get here : 여기에 도착하다

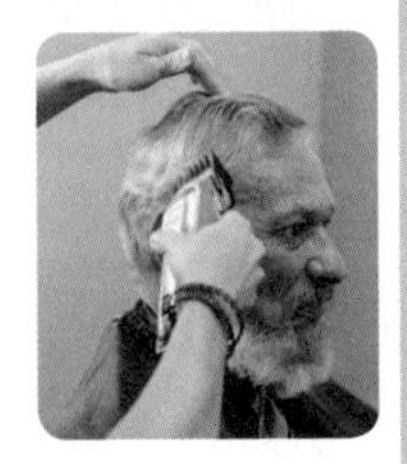

When are you going to get a haircut?

웬 알(r) 유 고(우)잉 투 겥 어 헤얼(r)컽?

당신은 언제 머리를 자를 건가요?

* get a haircut : 머리를 자르다

핵심 패턴

동사 질문패턴 **019**

How long have you been 동사ing?

[하우 롱- 해브(v) 유 빈 ~?] [하우 롱- 해뷰(v) 빈 ~?]

당신은 얼마나 오래 동사하고 있나요?

상대방이 과거부터 지금까지 얼마나 오랫동안 무언가를 해 오고 있는 중인지 물을 때

동사 질문패턴 **020**

Do you want to 동사원형?

[두 유 원(트) 투 ~?]

❶ (당신) 동사하고 싶나요? ❷ (당신) 동사할래요?

상대방이 무언가를 하고 싶은지 묻거나 무언가를 할 것인지 제안하거나 초대할 때

동사 질문패턴 **021**

Do you want me to 동사원형?

[두 유 원(트) 미 투 ~?]

당신은 제가 동사하길 원하나요?

상대방에게 내가 무언가를 했으면 좋겠는지 물을 때

동사 질문패턴 **022**

Would you like to 동사원형?

[우드 유 라익 투 ~?] [우쥬 라익 투 ~?]

❶ (당신은) 동사하고 싶으십니까? ❷ (당신) 동사하실래요?

상대방이 무언가를 하고 싶은지 공손하게 묻거나 무언가를 할 것인지 격식을 갖추어 제안하거나 초대할 때

동사 질문패턴 **023**

What time do you want me to 동사원형?

[왇 타임 두 유 원(트) 미 투 ~?]

당신은 제가 몇 시에 동사하길 원하세요?

상대방에게 내가 몇 시에 무언가를 했으면 좋겠는지 물을 때

동사 질문패턴 **024**

When did you learn to 동사원형?

[웬 디드 유 러언 투 ~?] [웬 디쥬 러언 투 ~?]

당신은 언제 동사하는 법을 배웠나요?

상대방이 무언가를 하는 방법을 언제 배웠는지 물을 때

대표 문장

How long have you been learning Korean?

하우 롱- 해뷰(v) 빈 러언닝 코뤼-언?

한국어를 배운지 얼마나 (오래) 되었나요? (의역)

* learn Korean : 한국어를 배우다

Do you want to come with me?

두 유 원(트) 투 컴 위드(th) 미?

저와 함께 갈래요?

* come with me : 나와 함께 가다, 나와 함께 오다

Do you want me to tell you the truth?

두 유 원(트) 미 투 텔 유 더(th) 츠루-뜨(th)?

(제가) (당신에게) 사실대로 말해 주길 원하시나요?

* tell you the truth : 너에게 진실을 말하다, 너에게 사실을 말하다

Would you like to go for a walk?

우쥬 라잌 투 고(우) 폴(f/r) 어 워-크?

산책하러 가실래요?

* go for a walk : 산책하다

What time do you want me to pick you up?

왙 타임 두 유 원(트) 미 투 픽 유 엎?

제가 몇 시에 데리러 가길 원하세요?

* pick you up : 너를 (차로) 데리러 가다

When did you learn to ride a bicycle?

웬 디쥬 러언 투 롸이드 어 바이씨클?

당신은 언제 자전거 타는 법을 배웠나요?

* ride a bicycle : 자전거를 타다

핵심 패턴

동사 질문패턴 **025**	**Are you ready to 동사원형?** [알(r) 유 뤠디 투 ~?] [알(r) 유 뤠리 투 ~?] **(당신은) 동사할 준비가 되었나요?** 상대방이 무언가를 할 정신적 또는 물리적 준비가 완료되었는지 물을 때
동사 질문패턴 **026**	**Do you like 동사ing?** [두 유 라잌 ~?] **(당신은) 동사하는 것을 좋아하나요?** 상대방이 무언가를 하는 것을 좋아하는지 물을 때
동사 질문패턴 **027**	**Do you know how to 동사원형?** [두 유 노(우) 하우 투 ~?] **(당신은) 동사하는 법을 아나요?** 상대방이 무언가를 하는 방법을 알고 있는지 물을 때
동사 질문패턴 **028**	**Do you mind if I 동사원형?** [두 유 마인드 E프(f) 아이 ~?] **제가 동사해도 되나요? (의역)** 내가 무언가를 하면 상대방이 꺼리는 마음이 있을지 묻는 질문으로, 내가 무언가를 해도 되는지 공손하게 상대방의 허락을 구할 때 쓰는 표현
동사 질문패턴 **029**	**Can you 동사원형?** [캔 유 ~?] **❶ (당신은) 동사할 수 있나요? ❷ 동사해 줄 수 있나요?** 상대방이 무언가를 할 수 있는 능력이 있는지 묻거나 상대방이 무언가를 해 줄 수 있는지 부탁할 때
동사 질문패턴 **030**	**Could you 동사원형?** [쿠드 유 ~?] [쿠쥬 ~?] **(당신은) 동사해 주실 수 있나요?** Can you ~?보다 격식을 갖춘 표현으로 상대방이 무언가를 해 줄 수 있는지 물어보거나 부탁할 때

대표 문장

Are you ready to party?

알(r) 유 뤠디 투 파-뤼?

파티할 준비가 되었나요?

* party : 파티하다, 파티를 즐기다, 파티

Do you like skiing?

두 유 라익 스키잉?

스키 타는 것을 좋아하나요?

* ski : 스키 타다, 스키

Do you know how to swim?

두 유 노(우) 하우 투 스윔?

수영하는 법을 아나요?

* swim : 수영하다

Do you mind if I open the window?

두 유 마인드 E프(f) 아이 오(우)픈 더(th) 윈도우?

제가 창문을 열어도 되나요?

* open the window : 창문을 열다

Can you close the window?

캔 유 클로우즈(z) 더(th) 윈도우?

창문을 닫아 줄 수 있나요?

* close the window : 창문을 닫다

Could you pass me the salt?

쿠쥬 패쓰 미 더(th) 쏠-트?

저에게 소금을 건네주실 수 있나요?

* pass me the salt : 나에게 소금을 건네주다

핵심 패턴

동사 질문패턴 031	**Can you help me 동사원형?** [캔 유 헬프 미 ~?] [캔 유 헬 미 ~?] **(당신은) 제가 동사하는 것을 도와줄 수 있나요?** 상대방이 내가 무언가를 하는 것을 도와줄 수 있는지 묻거나 부탁할 때
동사 질문패턴 032	**Can I 동사원형?** [캔 아이 ~?] **❶ 제가 동사해도 되나요? ❷ 제가 동사할 수 있을까요?** 내가 무언가를 해도 되는지 허락을 받거나 내가 무언가를 할 수 있을지 나의 능력에 대한 궁금증을 표현할 때
동사 질문패턴 033	**May I 동사원형?** [메이 아이 ~?] [메아이 ~?] **제가 동사해도 되겠습니까?** 내가 무언가를 해도 되는지 공손하게 또는 격식을 갖추어 허락을 받을 때
동사 질문패턴 034	**Do I have to 동사원형?** [두 아이 해브(v) 투 ~?] **제가 동사를 해야만 하나요?** 내가 무언가를 반드시 해야만 하는지에 대해 물을 때
동사 질문패턴 035	**Where can I 동사원형?** [웨얼(r) 캔 아이 ~?] **제가 어디에서 동사할 수 있나요?** 내가 무언가를 어디에서 할 수 있는지 물을 때
동사 질문패턴 036	**Why should I 동사원형?** [와이 슈드 아이 ~?] [와이 슈라이 ~?] **제가 왜 동사해야 하나요?** 왜 내가 무언가를 하는 것이 좋은 생각인지에 대해 궁금증을 표현할 때

대표 문장

Can you help me move this?

캔 유 헬프 미 무-브(v) 디(th)쓰?

이거 옮기는 것을 도와줄 수 있나요?

* move this : 이것을 옮기다

Can I sit here?

캔 아이 씥 히얼(r)?

제가 여기에 앉아도 되나요?

* sit here : 여기에 앉다

May I help you?

메이 아이 헬프 유?

(무엇을) 도와드릴까요? (의역)

* help you : 너를 돕다

Do I have to attend the meeting?

두 아이 해브(v) 투 어텐드 더(th) 미-링?

제가 (그) 회의에 참석해야만 하나요?

* attend the meeting : (그) 회의에 참석하다

Where can I borrow it?

웨얼(r) 캔 아이 바로(r)우 잍?

제가 어디에서 그것을 빌릴 수 있나요?

* borrow it : 그것을 빌리다

Why should I apologize?

와이 슈라이 어폴러쟈이즈(z)?

제가 왜 사과해야 하나요?

* apologize : 사과하다

핵심 패턴

동사 질문패턴

037

Did I 동사원형?

[디드 아이 ~?] [디라이 ~?]

제가 동사했나요?

과거에 내가 어떠한 일을 하거나 저질렀는지에 대해 물을 때

대표 문장

Did I wake you up?

디라이 웨잌 유 엎?

저 때문에 깼나요? (제가 당신을 깨웠나요?)

* wake you up : 너를 깨워 주다, 너를 깨우다

MP3 다운로드 & 듣기

PART 03

영어가 입에서 튀어나오는 형용사 패턴 001-094

영어가 입에서 튀어나오는 형용사 패턴

핵심 패턴

형용사 패턴 001	**Be 형용사!** [비 ~] **형용사하세요!** 상대방에게 형용사하라고 말하거나 명령할 때
형용사 패턴 002	**Always be 형용사!** [얼-웨이즈 비 ~] **항상 형용사하세요!** 상대방에게 항상 형용사하라고 말하거나 명령할 때
형용사 패턴 003	**Don't be 형용사!** [돈(트) 비 ~] **형용사하지 마세요!** 상대방에게 형용사하지 말라고 말하거나 명령할 때
형용사 패턴 004	**Don't be too 형용사!** [돈(트) 비 투- ~] **너무 형용사하지 마세요!** 상대방에게 너무 과도하게 형용사하지 말라고 말하거나 명령할 때
형용사 패턴 005	**Don't make me 형용사!** [돈(트) 메익 미 ~] **저를 형용사하게 하지 마세요!** 상대방에게 나를 형용사하게 만들지 말라고 말할 때
형용사 패턴 006	**Let's be 형용사!** [렡츠 비 ~] **(우리) 형용사합시다! / (우리) 형용사해집시다!** 상대방에게 함께 형용사하자고 말할 때

대표 문장

Be careful!
비 케얼(r)플!

조심하세요!

* careful : 조심하는

Always be happy!
얼-웨이즈 비 해피!

항상 행복하세요!

* happy : 행복한

Don't be sad!
돈(트) 비 쌔드!

슬퍼하지 마세요!

* sad : 슬픈

Don't be too disappointed!
돈(트) 비 투- 디써포인티드!

너무 실망하지 마세요!

* disappointed : 실망한, 실망감을 느끼는

Don't make me angry!
돈(트) 메잌 미 앵그뤼!

저를 화나게 하지 마세요!

* angry : 화난

Let's be honest!
렡츠 비 어니스트!

우리 솔직해집시다!

* honest : 정직한, 솔직한

핵심 패턴

형용사 패턴 007	**Get 형용사!** [겔 ~] **형용사하세요! (형용사해지세요!)** (형용사하지 않은 상대방에게) 형용사한 상태로 변화를 주라고 말할 때
형용사 패턴 008	**Don't get too 형용사!** [돈(트) 겔 투- ~] **너무 형용사하지 마세요!** 상대방에게 너무 과도하게 형용사한 변화를 주지는 말라고 말할 때
형용사 패턴 009	**Thank you for being 형용사.** [땡(th)큐 폴(f/r) 비잉 ~] **형용사해 주셔서 감사합니다.** 상대방에게 형용사해 준 것에 대해 고맙다고 말할 때
형용사 패턴 010	**Sorry for being 형용사.** [쒀뤼 폴(f/r) 비잉 ~] **형용사해서 미안합니다.** 형용사한 것에 대해 상대방에게 미안하다고 말할 때
형용사 패턴 011	**I find it 형용사.** [아이 파인(드) 잍 ~] [아이 파인딭 ~] **저는 그것이 형용사하다고 생각해요.** (나의 경험상) 그것이 형용사하다고 생각된다고 말할 때
형용사 패턴 012	**I told you to be 형용사.** [아이 톨드 유 투 비 ~] [아이 톨쥬 투 비 ~] **(제가 당신에게) 형용사하라고 했잖아요.** 상대방이 나의 조언이나 충고를 따르지 않은 것에 대한 불만이나 실망감을 표현할 때

대표 문장

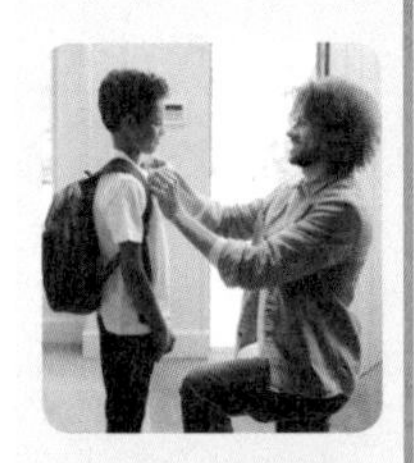

Get ready!

겔 뤠디!

준비하세요!

* ready : 준비가 된

Don't get too excited!

돈(트) 겔 투- 익싸이리드!

너무 들뜨지는 마세요!

* excited : 신난, 들뜬

Thank you for being patient.

땡(th)큐 폴(f/r) 비잉 페이션트

인내심을 가져 주셔서 감사합니다.

* patient : 참을성 있는, 인내심 있는

Sorry for being impatient.

쒀뤼 폴(f/r) 비잉 임페이션트

조급하게 굴어서 죄송합니다.

* impatient : 참을성 없는, 조급한

I find it difficult.

아이 파인딭 디퓌컬트

저는 그것이 어렵다고 생각해요.

* difficult : 어려운

I told you to be diligent.

아이 톨쥬 투 비 딜리젼트

(제가 당신에게) 부지런히 하라고 했잖아요.

* diligent : 부지런한, 근면한, 성실한

핵심 패턴

형용사 패턴 013

I am 형용사. = I'm 형용사.

[아이 앰 ~] [아임 ~]

저는 형용사해요.

나의 현재 기분이나 상태에 대해 말할 때

형용사 패턴 014

I'm not 형용사.

[아임 낱 ~]

저는 형용사하지 않아요.

나의 현재 기분이나 상태가 형용사하지 않다고 말할 때

형용사 패턴 015

I was 형용사.

[아이 워즈(z) ~]

저는 형용사했어요.

나의 과거 기분이나 상태에 대해 말할 때

형용사 패턴 016

I wasn't 형용사.

[아이 워즌(트) ~]

저는 형용사하지 않았어요.

나의 과거 기분이나 상태가 형용사하지 않았다고 말할 때

형용사 패턴 017

I will be 형용사. = I'll be 형용사.

[아이 윌 비 ~] [아일 비 ~]

저는 형용사할 거예요.

나의 미래 기분이나 상태가 형용사할 것이라고 말할 때

형용사 패턴 018

I won't be 형용사.

[아이 워운(트) 비 ~]

저는 형용사하지 않을 거예요.

나의 미래 기분이나 상태가 형용사하지 않을 것이라고 말할 때

대표 문장

I'm hungry.
아임 헝그뤼

저는 배고파요.

* hungry : 배고픈

I'm not thirsty.
아임 낱 떨(th/r)-스티

저는 목마르지 않아요.

* thirsty : 목마른

I was surprised.
아이 워즈(z) 썰(r)프롸이즈드

저는 놀랐었어요.

* surprised : 놀란, 놀람을 느끼는

I wasn't worried.
아이 워즌(트) 워-뤼드

저는 걱정하지 않았어요.

* worried : 걱정하는, 걱정을 느끼는

I will be fine.
아이 윌 비 퐈인

저는 괜찮을 거예요.

* fine : 괜찮은, 좋은

I won't be tardy.
아이 워운(트) 비 탈(r)-디

저는 지각하지 않을 거예요.

* tardy : 지각한

핵심 패턴

형용사 패턴 **019**

I'm so 형용사.

[아임 쏘(우) ~]

저는 매우 형용사해요.

나의 현재 기분이나 상태가 매우 형용사하다고 말할 때

형용사 패턴 **020**

I'm pretty 형용사.

[아임 프뤼리 ~]

저는 꽤 형용사해요.

나의 현재 기분이나 상태가 꽤 형용사하다고 말할 때

형용사 패턴 **021**

I'm a little 형용사.

[아임 어 리를 ~]

저는 조금 형용사해요.

나의 현재 기분이나 상태가 조금, 약간 형용사하다고 말할 때

형용사 패턴 **022**

I'm just a little 형용사.

[아임 져스트 어 리를 ~]

저는 그냥 조금 형용사해요.

나의 현재 기분이나 상태가 단지 조금 형용사하다고 말할 때

형용사 패턴 **023**

I'm too 형용사.

[아임 투- ~]

저는 너무 형용사해요.

나의 현재 기분이나 상태가 너무 과하게 형용사하다고 부정적으로 말할 때

형용사 패턴 **024**

I'm getting 형용사.

[아임 게링 ~]

저는 (점점) 형용사해지고 있어요.

나의 기분이나 상태가 점점 형용사한 상태로 변화하고 있다고 말할 때

대표 문장

I'm so tired.

아임 쏘(우) 타이얼(r)드

저는 매우 피곤해요.

* tired : 피곤한

I'm pretty rich.

아임 프뤼리 뤼치

저는 꽤 부유해요.

* rich : 부유한, 부자인

I'm a little confused.

아임 어 리를 컨퓨-즈드

저는 조금 헷갈려요.

* confused : 헷갈리는, 혼란스러운

I'm just a little dizzy.

아임 져스트 어 리를 디지(z)

저는 그냥 조금 졸려요.

* dizzy : 어지러운

I'm too weak.

아임 투- 위-크

저는 너무 약해요.

* weak : 약한

I'm getting drunk.

아임 게링 드뤙크

저는 술에 취해 가고 있어요.

* drunk : 술 취한

핵심 패턴

형용사 패턴 **025**	**I'm not very 형용사.** [아임 낱 붸뤼 ~] **저는 별로 형용사하지 않아요.** 나의 현재 기분이나 상태가 별로 형용사하지 않다고 말할 때
형용사 패턴 **026**	**I'm not that 형용사.** [아임 낱 댙(th) ~] **저는 그렇게 형용사하진 않아요.** 나의 현재 기분이나 상태가 그렇게까지 형용사하지는 않다고 말할 때
형용사 패턴 **027**	**I'm not 형용사 yet.** [아임 낱 ~ 옡] **저는 아직 형용사하지 않아요.** 나의 현재 기분이나 상태가 아직 형용사하지는 않다고 말할 때
형용사 패턴 **028**	**I'm not 형용사 at all.** [아임 낱 ~ 앹 올-] **저는 전혀 형용사하지 않아요.** 나의 현재 기분이나 상태가 전혀 형용사하지 않다고 말할 때
형용사 패턴 **029**	**I was a little 형용사.** [아이 워즈(z) 어 리를 ~] **저는 조금 형용사했어요.** 나의 과거 기분이나 상태가 조금, 약간 형용사했었다고 말할 때
형용사 패턴 **030**	**I used to be 형용사.** [아이 유-쓰(트) 투 비 ~] **저는 형용사했어요. (저는 형용사하곤 했어요.)** 과거에는 내가 형용사했었지만, 지금은 그렇지 않다고 말할 때

대표 문장

I'm not very nice.
아임 낱 붸뤼 나이쓰
저는 별로 착하지 않아요.
* nice : 좋은, 착한

I'm not that smart.
아임 낱 댙(th) 스말(r)-트
저는 그렇게 똑똑하진 않아요.
* smart : 똑똑한

I'm not finished yet.
아임 낱 퓌니쉬(트) 옡
(저는) 아직 끝나지 않았어요.
* finished : 끝난, (하던 일을) 마친

I'm not interested at all.
아임 낱 인터뤠스티드 앹 올-
저는 전혀 관심이 없어요.
* interested : 관심 있는, 흥미 있는

I was a little curious.
아이 워즈(z) 어 리를 큐뤼어쓰
저는 조금 궁금했어요.
* curious : 궁금한

I used to be shy.
아이 유-쓰(트) 투 비 샤이
저는 수줍음이 많았어요.
* shy : 수줍음 많은

핵심 패턴

형용사 패턴 **031**

I've been 형용사 lately.
[아이브(v) 빈 ~ 레잍리]
저는 최근에 형용사했어요.
내가 최근에 형용사한 기분이나 상태라고 말할 때

형용사 패턴 **032**

I've always been 형용사.
[아이브(v) 얼-웨이즈 빈 ~]
저는 항상 형용사했어요.
내가 과거부터 지금까지 항상 형용사한 기분이나 상태라고 말할 때

형용사 패턴 **033**

I'm trying to stay 형용사.
[아임 트롸잉 투 스테이 ~] [아임 츠롸잉 투 스떼이 ~]
저는 형용사한 상태를 유지하려고 노력 중이에요.
형용사한 상태를 유지하려고 현재 노력 중이라고 말할 때

형용사 패턴 **034**

I try not to be 형용사.
[아이 트롸이 낱 투 비 ~] [아이 츠롸이 낱 투 비 ~]
저는 형용사하지 않으려고 노력해요.
(평소, 일반적으로) 형용사하지 않으려고 노력한다고 말할 때

형용사 패턴 **035**

I want to be 형용사.
[아이 원(트) 투 비 ~]
저는 형용사해지고 싶어요.
내가 형용사해지길 원한다고 말할 때

형용사 패턴 **036**

I want you to be 형용사.
[아이 원(트) 유 투 비 ~]
저는 당신이 형용사해졌으면 좋겠어요.
상대방이 형용사해지는 것을 내가 원한다고 말할 때

대표 문장

I've been busy lately.

아이브(v) 빈 비지(z) 레읻리

저는 최근에 바빴어요.

* busy : 바쁜

I've always been lonely.

아이브(v) 얼-웨이즈 빈 로운리

저는 항상 외로웠어요.

* lonely : 외로운

I'm trying to stay calm.

아임 트롸잉 투 스테이 컴-

저는 침착하려고 노력 중이에요.

* calm : 침착한

I try not to be impulsive.

아이 트롸이 낱 투 비 임펄씨브(v)

저는 충동적이지 않으려고 노력해요.

* impulsive : 충동적인

I want to be strong.

아이 원(트) 투 비 스트뤙-

저는 강해지고 싶어요.

* strong : 강한, 힘이 센

I want you to be open-minded.

아이 원(트) 유 투 비 오(우)픈 마인디드

저는 당신이 열린 마음을 가졌으면 좋겠어요.

* open-minded : 열린 마음을 가진

핵심 패턴

형용사 패턴 037	**I'm starting to get 형용사.** [아임 스탈(r)-팅 투 겥 ~] **저는 형용사해지기 시작했어요.** 나의 기분이나 상태가 형용사해지기 시작했다고 말할 때
형용사 패턴 038	**I had to be 형용사.** [아이 해드 투 비 ~] **저는 형용사해야만 했어요.** 내가 과거에 반드시 형용사할 수밖에 없어서 그렇게 했다고 말할 때
형용사 패턴 039	**I should have been 형용사.** [아이 슈드 해브(v) 빈 ~] **저는 형용사했어야 했어요.** 내가 과거에 형용사했었으면 좋았겠지만, 그러지 못해서 후회한다고 말할 때
형용사 패턴 040	**I didn't mean to be 형용사.** [아이 디든(트) 민- 투 비 ~] **저는 형용사하려던 것은 아니었어요.** 내가 과거에 형용사할 의도는 아니었다고 말할 때
형용사 패턴 041	**I don't know why it's 형용사.** [아이 돈(트) 노(우) 와이 잍츠 ~] **저는 그것이 왜 형용사한지 모르겠어요.** 그것이 왜 형용사한지 알지 못한다고 말할 때
형용사 패턴 042	**I don't know why she's 형용사.** [아이 돈(트) 노(우) 와이 쉬즈 ~] **저는 그녀가 왜 형용사한지 모르겠어요.** 그녀가 왜 형용사한 기분 또는 상태인지 알지 못한다고 말할 때

대표 문장

I'm starting to get bored.

아임 스탈(r)-팅 투 겥 볼(r)-드

저는 지루해지기 시작했어요.

* bored : 지루한, 지루함을 느끼는

I had to be brave.

아이 해드 투 비 브뤠이브(v)

저는 용감해야만 했어요.

* brave : 용감한

I should have been suspicious.

아이 슈드 해브(v) 빈 써스피셔쓰

제가 의심을 했어야 했어요. (의심하지 않은 것을 후회)

* suspicious : 의심하는, 의심스러운

I didn't mean to be rude.

아이 디든(트) 민- 투 비 루(r)-드

(저는) 무례하게 굴려던 것은 아니었어요.

* rude : 예의 없는, 무례한

I don't know why it's famous.

아이 돈(트) 노(우) 와이 잍츠 풰이머쓰

저는 그것이 왜 유명한지 모르겠어요.

* famous : 유명한

I don't know why she's popular.

아이 돈(트) 노(우) 와이 쉬즈 파퓰럴(l/r)

저는 그녀가 왜 인기가 있는지 모르겠어요.

* popular : 인기 있는

핵심 패턴

형용사 패턴 **043**	**You are 형용사. = You're 형용사.** [유 알(r) ~] [유얼(r) ~] **당신은 형용사해요.** 상대방의 현재 기분이나 상태에 대해 말할 때
형용사 패턴 **044**	**You're not 형용사.** [유얼(r) 낱 ~] **당신은 형용사하지 않아요.** 상대방의 현재 기분이나 상태가 형용사하지 않다고 말할 때
형용사 패턴 **045**	**You were 형용사.** [유 월(r) ~] **당신은 형용사했어요.** 상대방의 과거 기분이나 상태에 대해 말할 때
형용사 패턴 **046**	**You weren't 형용사.** [유 워언(트) ~] **당신은 형용사하지 않았어요.** 상대방의 과거 기분이나 상태가 형용사하지 않았다고 말할 때
형용사 패턴 **047**	**You will be 형용사. = You'll be 형용사.** [유 윌 비 ~] [유을 비 ~] **당신은 형용사할 거예요.** 상대방의 미래 기분이나 상태가 형용사할 것이라고 말할 때
형용사 패턴 **048**	**You won't be 형용사.** [유 워은(트) 비 ~] **당신은 형용사하지 않을 거예요.** 상대방의 미래 기분이나 상태가 형용사하지 않을 것이라고 말할 때

대표 문장

You're beautiful.
유얼(r) 뷰-리플
당신은 아름다워요.
* beautiful : 아름다운

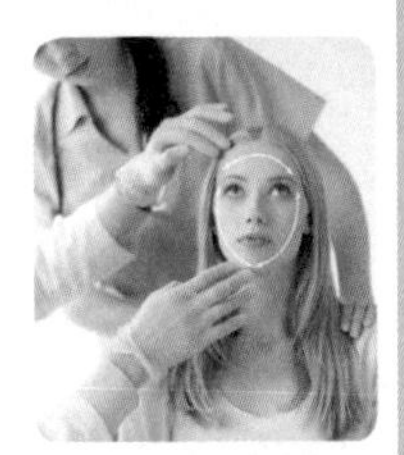

You're not ugly.
유얼(r) 낱 어글리
당신은 못생기지 않았어요.
* ugly : 못생긴

You were stupid.
유 월(r) 스투-피드
당신은 멍청했어요.
* stupid : 멍청한

You weren't considerate.
유 워언(트) 컨씨더뤄트
당신은 배려심이 없었어요. (의역)
* considerate : 사려 깊은, 남을 배려하는

You will be shocked.
유 윌 비 샥트
당신은 충격을 받을 거예요.
* shocked : 충격 받은

You won't be stressed.
유 워운(트) 비 스트뤠쓰트
당신은 스트레스를 받지 않을 거예요.
* stressed : 스트레스 받는, 스트레스를 느끼는

핵심 패턴

형용사 패턴 **049**	**You're so 형용사.** [유얼(r) 쏘(우) ~] **당신은 매우 형용사해요.** 상대방의 현재 기분이나 상태가 매우 형용사하다고 말할 때
형용사 패턴 **050**	**You look 형용사.** [유 룩 ~] **당신은 형용사해 보여요.** 시각적으로 상대방이 형용사해 보인다고 말할 때
형용사 패턴 **051**	**You don't look 형용사.** [유 돈(트) 룩 ~] **당신은 형용사해 보이지 않아요.** 시각적으로 상대방이 형용사해 보이지 않는다고 말할 때
형용사 패턴 **052**	**You don't seem 형용사.** [유 돈(트) 씸- ~] **당신은 형용사한 것 같지 않아요.** 상대방의 행동, 표정, 말투, 반응 등을 고려했을 때, 상대방이 형용사한 것 같지 않거나 형용사해 보이지 않는다고 말할 때
형용사 패턴 **053**	**You don't sound so 형용사.** [유 돈(트) 싸운드 쏘(우) ~] **(당신의 말이) 그렇게 형용사하게 들리지는 않아요.** 상대방의 말이 그렇게까지 형용사하게 들리지 않는다고 말할 때
형용사 패턴 **054**	**You must be 형용사.** [유 머스트 비 ~] **❶ 당신은 형용사함에 틀림없어요. ❷ 당신은 형용사하시겠군요.** 상대방이 형용사할 것이라고 확신에 가까운 추측 또는 확신하여 말할 때

대표 문장

You're so handsome.

유얼(r) 쏘(우) 핸썸

당신은 매우 잘생겼어요.

* handsome : 잘생긴

You look different.

유 룩 디프(f)뤈트

당신 좀 달라 보여요. (의역)

* different : 다른

You don't look well.

유 돈(트) 룩 웰

(당신) 안색이 안 좋아 보여요. (의역)

* well : 건강한 (형용사), 잘 (부사)

You don't seem satisfied.

유 돈(트) 씸- 쌔리쓰퐈이드

당신은 만족하는 것 같지 않네요.

* satisfied : 만족하는, 만족감을 느끼는

You don't sound so sure.

유 돈(트) 싸운드 쏘(우) 슈얼(r)

(당신이) 그렇게 확신하는 것처럼 들리지 않아요.

* sure : 확신하는, 확실히 아는

You must be exhausted.

유 머스트 비 E그져-스티드

(당신) 매우 피곤하시겠군요.

* exhausted : 매우 피곤한, 기진맥진한

핵심 패턴

형용사 패턴 055	**You should be 형용사.** [유 슈드 비 ~] **당신은 형용사해야 해요.** 상대방이 형용사하는 것이 좋은 생각이라고 조언이나 충고하여 말할 때
형용사 패턴 056	**You have to be 형용사.** [유 해브(v) 투 비 ~] **당신은 형용사해야만 해요.** 상대방이 반드시 형용사해야만 한다고 말할 때
형용사 패턴 057	**You don't have to be 형용사.** [유 돈(트) 해브(v) 투 비 ~] **당신은 형용사할 필요는 없어요.** 상대방이 반드시 형용사하지는 않아도 된다고 말할 때
형용사 패턴 058	**You need to be 형용사.** [유 니-드 투 비 ~] **당신은 형용사할 필요가 있어요.** 상대방이 형용사할 필요성이 있다고 말할 때 ('You have to be 형용사.'와 비슷하지만 조금 더 부드러운 표현)
형용사 패턴 059	**It is 형용사. = It's 형용사.** [잍 E즈 ~] [잍츠 ~] **(그것은) 형용사해요.** 어떤 것의 현재 상태에 대해 말할 때
형용사 패턴 060	**It was 형용사.** [잍 워즈(z) ~] **(그것은) 형용사했어요.** 어떤 것의 과거 상태에 대해 말할 때

대표 문장

You should be thankful.

유 슈드 비 땡(th)크플(f)

당신은 감사해야 해요.

* thankful : 고맙게 생각하는, 감사하는

You have to be flexible.

유 해브(v) 투 비 플(f)렉써블

(당신은) 융통성이 있어야만 합니다.

* flexible : 유연한, 융통성 있는

You don't have to be perfect.

유 돈(트) 해브(v) 투 비 펄(r)-퓍트

(당신은) 완벽할 필요는 없어요.

* perfect : 완벽한

You need to be confident.

유 니-드 투 비 컨퓌던트

당신은 자신감을 가질 필요가 있어요.

* confident : 자신감 있는, 굳게 확신하는

It's hot.

잍츠 핱

❶ 더워요. ❷ 뜨거워요.

* hot : 더운, 뜨거운

It was cold.

잍 워즈(z) 코을드

❶ 추웠어요. ❷ 차가웠어요.

* cold : 추운, 차가운

핵심 패턴

형용사 패턴 061	**It's very 형용사.** [잍츠 붸뤼 ~] **(그것은) 매우 형용사해요.** 어떤 것이 현재 매우 형용사하다고 말할 때
형용사 패턴 062	**It's rather 형용사.** [잍츠 뤠덜(th/r) ~] **(그것은) 다소 형용사해요.** 어떤 것이 현재 다소 형용사하다고 말할 때
형용사 패턴 063	**It's not that 형용사.** [잍츠 낱 댙(th) ~] **(그것은) 그렇게 형용사하지는 않아요.** 어떤 것이 현재 그렇게까지 형용사하지는 않다고 말할 때
형용사 패턴 064	**It was so 형용사.** [잍 워즈(z) 쏘(우) ~] **(그것은) 매우 형용사했어요.** 어떤 것이 과거에 매우 형용사했었다고 말할 때
형용사 패턴 065	**It was pretty 형용사.** [잍 워즈(z) 프뤼리 ~] **(그것은) 꽤 형용사했어요.** 어떤 것이 과거에 꽤 형용사했었다고 말할 때
형용사 패턴 066	**It wasn't 형용사.** [잍 워즌(트) ~] **(그것은) 형용사하지 않았어요.** 어떤 것이 과거에 형용사하지 않았었다고 말할 때

대표 문장

It's very good.
읻츠 붸뤼 귿
❶ 그것은 매우 좋아요. ❷ 그것은 아주 맛있어요.
* good : 좋은, 맛있는

It's rather surprising.
읻츠 뤠덜(th/r) 썰(r)프롸이징
그건 다소 놀라워요.
* surprising : 놀라운, 놀라움을 주는

It's not that simple.
읻츠 낱 댙(th) 씸플
그건 그렇게 간단하지는 않아요.
* simple : 간단한

It was so expensive.
잍 워즈(z) 쏘(우) 익쓰펜씨브(v)
그것은 매우 비쌌어요.
* expensive : (가격이) 비싼

It was pretty cheap.
잍 워즈(z) 프뤼리 췹-
그것은 꽤 (가격이) 쌌어요.
* cheap : (가격이) 싼, 저렴한

It wasn't heavy.
잍 워즌(트) 헤뷔
그것은 무겁지 않았어요.
* heavy : 무거운

핵심 패턴

형용사 패턴 **067**	**It's getting 형용사.** [잍츠 게링 ~] **(그것은) (점점) 형용사해지고 있어요.** 어떤 것이 점점 형용사해지는 중이라고 상태의 변화에 대해 말할 때
형용사 패턴 **068**	**It will be 형용사. = It'll be 형용사.** [잍 윌 비 ~] [E를 비 ~] **(그것은) 형용사할 거예요.** 어떤 것이 미래에 형용사한 상태일 것이라고 말할 때
형용사 패턴 **069**	**It'll be 형용사 soon.** [E를 비 ~ 쑨-] **(그것은) 곧 형용사해질 거예요.** 어떤 것이 가까운 미래에 형용사한 상태가 될 것이라고 말할 때
형용사 패턴 **070**	**It won't be that 형용사.** [잍 워운(트) 비 댙(th) ~] **(그것은) 그렇게 형용사하지는 않을 거예요.** 어떤 것이 미래에 그렇게까지 형용사하지는 않을 것이라고 말할 때
형용사 패턴 **071**	**It must be 형용사.** [잍 머스트 비 ~] **❶ (그것은) 형용사함에 틀림없어요. ❷ (그것이) 형용사하겠군요.** 어떤 것이 형용사할 것이라고 확신에 가까운 추측 또는 확신하여 말할 때
형용사 패턴 **072**	**It can't be 형용사.** [잍 캔(트) 비 ~] **(그것이) 형용사할 리 없어요.** 어떤 것이 형용사할 리 없다고 믿지 못한다는 의미를 전달하여 말할 때

대표 문장

It's getting crowded.

잍츠 게링 크롸우디드

(사람들로) 점점 붐비고 있어요.

* crowded : 붐비는, 혼잡한

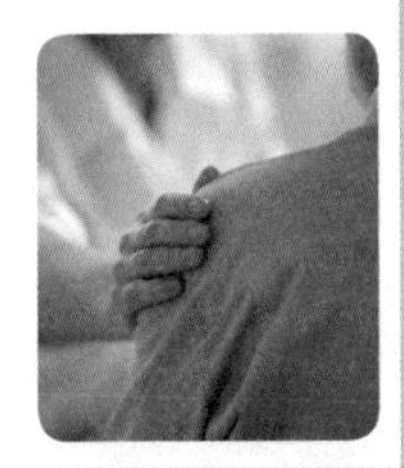

It'll be okay.

E를 비 오(우)케이

괜찮을 거예요.

* okay : 괜찮은

It'll be dark soon.

E를 비 달(r)-크 쑨-

곧 어두워질 거예요.

* dark : 어두운

It won't be that easy.

잍 워운(트) 비 댙(th) E-지(z)

(그것은) 그렇게 쉽지는 않을 거예요.

* easy : 쉬운

It must be hard.

잍 머스트 비 할(r)-드

(그거) 힘드시겠군요.

* hard : 힘든, 딱딱한

It can't be real.

잍 캔(트) 비 뤼-얼

그게 진짜일 리 없어요.

* real : 진짜인, 진짜의

핵심 패턴

형용사 패턴 **073**

It looks 형용사.
[잍 룩쓰 ~]
(그것은) 형용사해 보여요.
시각적으로 어떤 것이 형용사해 보인다고 말할 때

형용사 패턴 **074**

It looked 형용사.
[잍 룩트 ~]
(그것은) 형용사해 보였어요.
시각적으로 어떤 것이 형용사해 보였다고 말할 때

형용사 패턴 **075**

It doesn't look 형용사.
[잍 더즌(트) 룩 ~]
(그것은) 형용사해 보이지 않아요.
시각적으로 어떤 것이 형용사해 보이지 않는다고 말할 때

형용사 패턴 **076**

It tastes 형용사.
[잍 테이스츠 ~]
(그것은) 형용사한 맛이 나요.
맛을 보았을 때, 어떤 것이 형용사한 맛이 난다고 말할 때

형용사 패턴 **077**

It makes me 형용사.
[잍 메잌쓰 미 ~]
(그것은) 저를 형용사하게 해요.
어떤 것이 나의 기분이나 상태를 형용사하게 만든다고 말할 때

형용사 패턴 **078**

It made me 형용사.
[잍 메이드 미 ~]
(그것은) 저를 형용사하게 했어요.
어떤 것이 나의 과거 기분이나 상태를 형용사하게 만들었다고 말할 때

대표 문장

It looks delicious.
일 룩쓰 딜리셔쓰
(그거) 맛있어 보이네요.
* delicious : 맛있는

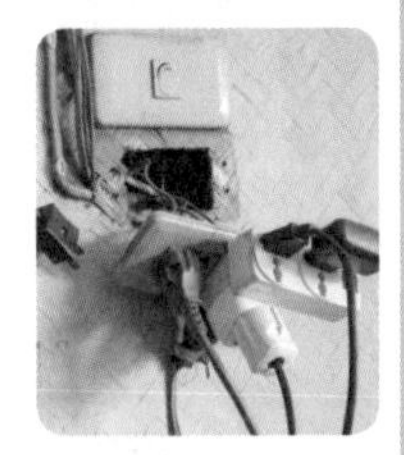

It looked dangerous.
잍 룩트 데인져뤄쓰
(그것은) 위험해 보였어요.
* dangerous : 위험한

It doesn't look safe.
[잍 더즌(트) 룩 쎄이프(f)]
(그것은) 안전해 보이지 않아요.
* safe : 안전한

It tastes weird.
잍 테이스츠 위을드
(그건) 이상한 맛이 나요.
* weird : 이상한

It makes me annoyed.
잍 메잌쓰 미 어노이드
(그건) 저를 짜증나게 해요.
* annoyed : 짜증난

It made me anxious.
잍 메이드 미 앵셔쓰
(그건) 저를 불안하게 했어요.
* anxious : 불안한

핵심 패턴

형용사 패턴 **079**	**It's important to be 형용사.** [잍츠 임폴(r)-튼트 투 비 ~] [잍츠 임폴(r)-은(트) 투 비 ~] **형용사하는 것은 중요해요.** 형용사하는 것이 중요하다고 말할 때 (이 패턴에서의 It는 해석하지 않습니다.)
형용사 패턴 **080**	**He is 형용사. = He's 형용사.** [히 E즈 ~] [히즈(z) ~] **그는 형용사해요.** 그의 현재 기분이나 상태가 형용사하다고 말할 때
형용사 패턴 **081**	**She is 형용사. = She's 형용사.** [쉬 E즈 ~] [쉬즈(z) ~] **그녀는 형용사해요.** 그녀의 현재 기분이나 상태가 형용사하다고 말할 때
형용사 패턴 **082**	**We are 형용사. = We're 형용사.** [위 알(r) ~] [위얼(r) ~] **우리는 형용사해요.** 우리들의 현재 기분이나 상태가 형용사하다고 말할 때
형용사 패턴 **083**	**They are 형용사. = They're 형용사.** [데(th)이 알(r) ~] [데(th)얼(r) ~] **❶ 그들은 형용사해요. ❷ 그것들은 형용사해요.** 그들 또는 그것들이 현재 형용사하다고 기분이나 상태에 대해 말할 때
형용사 패턴 **084**	**They were 형용사.** [데(th)이 월(r) ~] **❶ 그들은 형용사했어요. ❷ 그것들은 형용사했어요.** 그들 또는 그것들이 과거에 형용사했었다고 말할 때

대표 문장

It's important to be punctual.
읻츠 임폴(r)-튼트 투 비 펑츄을
시간을 잘 지키는 것은 중요해요.
* punctual : 시간을 잘 지키는

He's married.
히즈(z) 매뤼드
그는 결혼했어요. (현재 결혼한 상태)
* married : 결혼한, 기혼인

She's pregnant.
쉬즈(z) 프뤠그넌트
그녀는 임신했어요. (현재 임신한 상태)
* pregnant : 임신한

We're engaged.
위얼(r) 인게이쥐드
우리는 약혼했어요. (현재 약혼한 상태)
* engaged : 약혼한

They're divorced.
데(th)얼(r) 디볼(v/r)-쓰트
그들은 이혼했어요. (현재 이혼한 상태)
* divorced : 이혼한

They were mean.
데(th)이 월(r) 민-
그들은 짓궂었어요.
* mean : 짓궂은, 못된, 비열한

핵심 패턴

형용사 패턴 085	**He's really 형용사.** [히즈(z) 뤼을리 ~] **그는 정말 형용사해요.** 그가 정말 형용사하다고 강조하여 말할 때
형용사 패턴 086	**He seems 형용사.** [히 씸-즈 ~] **그는 형용사한 것 같아요.** 그의 행동, 표정, 말투, 반응 등을 고려했을 때, 그가 형용사한 것 같거나 형용사해 보인다고 말할 때
형용사 패턴 087	**She seemed 형용사.** [쉬 씸-드 ~] **그녀는 형용사한 것 같았어요.** 그녀의 행동, 표정, 말투, 반응 등을 고려했을 때, 그녀가 형용사한 것 같았거나 형용사해 보였었다고 말할 때
형용사 패턴 088	**She looked 형용사.** [쉬 룩트 ~] **그녀는 형용사해 보였어요.** 시각적으로 그녀가 형용사해 보였었다고 말할 때
형용사 패턴 089	**They seemed 형용사.** [데(th)이 씸-드 ~] **그들은 형용사한 것 같았어요.** 그들의 행동, 표정, 말투, 반응 등을 고려했을 때, 그들이 형용사한 것 같았거나 형용사해 보였었다고 말할 때
형용사 패턴 090	**They asked me to be 형용사.** [데(th)이 애슥트 미 투 비 ~] **그들은 저에게 형용사해 달라고 요청했어요.** 그들이 나에게 형용사해 달라고 요청이나 부탁을 했다고 말할 때

대표 문장

He's really humble.

히즈(z) 뤼을리 험블

그는 정말 겸손해요.

* humble : 겸손한

He seems strict.

히 씸-즈 스트뤽트

그는 엄격한 것 같아요.

* strict : 엄격한

She seemed stubborn.

쉬 씸-드 스떠번(r/n)

그녀는 고집이 센 것 같았어요.

* stubborn : 고집이 센

She looked scared.

쉬 룩트 스케얼(r)드

그녀는 겁먹은 것처럼 보였어요.

* scared : 겁먹은, 무서워하는

They seemed impressed.

데(th)이 씸-드 임프뤠쓰트

그들은 감명 받은 것 같았어요.

* impressed : 감명 받은, 감동 받은

They asked me to be quiet.

데(th)이 애슥트 미 투 비 콰이얻

그들은 저에게 조용히 해 달라고 요청했어요.

* quiet : 조용한, 말이 없는

핵심 패턴

형용사 패턴 091	**Stop pretending to be 형용사.** [스탑 프뤼텐딩 투 비 ~] **형용사한 척 그만하세요.** 상대방에게 형용사한 척하는 것을 그만하라고 말하거나 명령할 때
형용사 패턴 092	**He's pretending to be 형용사.** [히즈(z) 프뤼텐딩 투 비 ~] **그는 형용사한 척을 하고 있어요.** 그가 지금 형용사한 척을 하고 있는 중이라고 말할 때
형용사 패턴 093	**Everything is 형용사.** [에브(v)뤼띵 E즈 ~] **모든 것이 형용사해요.** 모든 것이 형용사하다고 말할 때
형용사 패턴 094	**Everything I said is 형용사.** [에브(v)뤼띵 아이 쎄드 E즈 ~] **제가 말한 모든 것은 형용사해요.** 내가 말한 모든 것이 형용사하다고 말할 때

대표 문장

Stop pretending to be sick.

스탑 프뤼텐딩 투 비 씩

아픈 척 그만하세요.

* sick : 아픈, 병든

He's pretending to be asleep.

히즈(z) 프뤼텐딩 투 비 어슬맆-

그는 자는 척을 하고 있어요.

* asleep : 잠이 든, 자고 있는

Everything is new.

에브(v)뤼띵 E즈 뉴-

모든 것이 새로워요.

* new : 새로운, 새것인

Everything I said is true.

에브(v)뤼띵 아이 쎄드 E즈 츠루-

제가 말한 모든 것은 사실이에요.

* true : 사실인, 진실인

MP3 다운로드 & 듣기

PART 04

영어가 입에서 튀어나오는 형용사 질문패턴 001-021

영어가 입에서 튀어나오는 형용사 질문패턴

핵심 패턴

패턴	내용
형용사 질문패턴 001	**Are you 형용사?** [알(r) 유 ~?] **당신은 형용사하나요?** 상대방의 현재 기분이나 상태에 대해 물을 때
형용사 질문패턴 002	**Were you 형용사?** [월(r) 유 ~?] **당신은 형용사했었나요?** 상대방의 과거 기분이나 상태에 대해 물을 때
형용사 질문패턴 003	**Why are you so 형용사?** [와이 알(r) 유 쏘(우) ~?] **당신은 왜 그렇게 형용사하나요?** 상대방이 현재 왜 그렇게 형용사한지 물을 때
형용사 질문패턴 004	**Why are you always 형용사?** [와이 알(r) 유 얼-웨이즈 ~?] **당신은 왜 항상 형용사하나요?** 상대방이 왜 항상 형용사한지 물을 때
형용사 질문패턴 005	**How 형용사 are you?** [하우 ~ 알(r) 유?] **당신은 얼마나 형용사하나요?** 상대방이 얼마나 형용사한지 물을 때
형용사 질문패턴 006	**Why were you 형용사?** [와이 월(r) 유 ~?] **당신은 왜 형용사했었나요?** 상대방이 왜 형용사했었는지 물을 때

대표 문장

Are you nervous?
알(r) 유 널(r)-붜쓰?

(당신) 긴장되나요?

* nervous : 긴장한

Were you jealous?
월(r) 유 젤러쓰?

(당신) 질투했었나요?

* jealous : 질투하는, 부러워하는

Why are you so serious?
와이 알(r) 유 쏘(우) 씨뤼어쓰?

(당신) 왜 그렇게 심각해요?

* serious : 심각한, 진지한

Why are you always late?
와이 알(r) 유 얼-웨이즈 레잍?

당신은 왜 항상 늦나요?

* late : 늦은

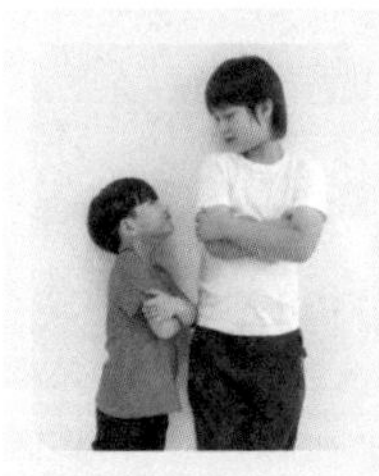

How tall are you?
하우 톨- 알(r) 유?

키가 어떻게 되세요? (당신은 얼마나 키가 큰가요?)

* tall : 키가 큰

Why were you upset?
와이 월(r) 유 엎쎝?

(당신은) 왜 기분이 상했었나요?

* upset : 기분 상한, 언짢은

핵심 패턴

형용사 질문패턴 **007**	**Am I 형용사?** [앰 아이 ~?] **제가 형용사하나요?** 상대방에게 내가 형용사한지 묻거나 혼잣말로 스스로에게 질문할 때
형용사 질문패턴 **008**	**Is it 형용사?** [E즈 잍 ~?] **(그것은) 형용사하나요?** 어떤 것이 형용사한지 물을 때
형용사 질문패턴 **009**	**Isn't it 형용사?** [E즌(트) 잍 ~?] **(그것은) 형용사하지 않아요?** 어떤 것이 형용사하지 않냐고 상대방이 자신의 의견에 동의하는지 확인하고자 물을 때
형용사 질문패턴 **010**	**Was it 형용사?** [워즈(z) 잍 ~?] **(그것은) 형용사했었나요?** 어떤 것이 형용사했었는지 물을 때
형용사 질문패턴 **011**	**Were they 형용사?** [월(r) 데(th)이 ~?] **❶ (그들은) 형용사했나요? ❷ (그것들은) 형용사했나요?** 그들 또는 그것들이 형용사했었는지 물을 때
형용사 질문패턴 **012**	**Why is it 형용사?** [와이 E즈 잍 ~?] **(그것이) 왜 형용사하나요?** 어떤 것이 왜 형용사한지 물을 때

대표 문장

Am I wrong?
앰 아이 뤙-?

제가 틀렸나요?

* wrong : 틀린, 잘못된

Is it possible?
E즈 잍 파써블?

(그게) 가능한가요?

* possible : 가능한

Isn't it salty?
E즌(트) 잍 쏠-티?

(그거) 짜지 않아요?

* salty : (맛이) 짠

Was it spicy?
워즈(z) 잍 스파이씨?

(그거) 매웠나요?

* spicy : 매운

Were they kind?
월(r) 데(th)이 카인드?

그들은 친절했나요?

* kind : 친절한

Why is it bad?
와이 E즈 잍 배드?

그게 왜 나쁜가요?

* bad : 나쁜, 안 좋은

핵심 패턴

형용사 질문패턴 013	**What's so 형용사?** [왇츠 쏘(우) ~?] **무엇이 그렇게 형용사하나요?** 무엇이 그렇게 형용사한지 물을 때
형용사 질문패턴 014	**Did I make you 형용사?** [디드 아이 메잌 유 ~?] [디라이 메잌 유 ~?] **제가 당신을 형용사하게 했나요?** 내가 상대방의 기분이나 상태를 형용사하게 만들었는지 물을 때
형용사 질문패턴 015	**Do I look 형용사?** [두 아이 룩 ~?] **제가 형용사해 보이나요?** 상대방이 나를 보았을 때, 내가 형용사해 보이는지 물을 때
형용사 질문패턴 016	**Do I look that 형용사?** [두 아이 룩 댙(th) ~?] **제가 그렇게 형용사해 보이나요?** 상대방이 나를 보았을 때, 내가 그렇게까지 형용사해 보이는지 물을 때
형용사 질문패턴 017	**Why do you look so 형용사?** [와이 두 유 룩 쏘(우) ~?] **(당신은) 왜 그렇게 형용사해 보여요?** 상대방이 왜 그렇게 형용사해 보이는지 물을 때
형용사 질문패턴 018	**Why do you want to be 형용사?** [와이 두 유 원(트) 투 비 ~?] **(당신은) 왜 형용사해지고 싶나요?** 상대방이 왜 형용사해지길 원하는지 물을 때

대표 문장

What's so funny?

왓츠 쏘(우) 풔니?

뭐가 그렇게 웃겨요?

* funny : 웃긴

Did I make you uncomfortable?

디라이 메잌 유 언컴폴(f/r)터블?

제가 당신을 불편하게 했나요?

* uncomfortable : 불편한

Do I look young?

두 아이 룩 영?

제가 젊어 보이나요?

* young : 어린, 젊은

Do I look that old?

두 아이 룩 댙(th) 오읃드?

제가 그렇게 나이가 많아 보이나요?

* old : 나이가 많은, 낡은, 오래된

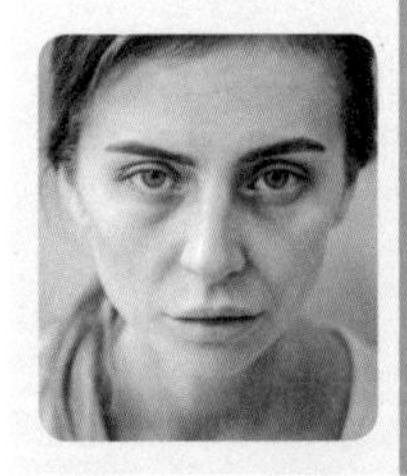

Why do you look so pale?

와이 두 유 룩 쏘(우) 페이을?

(당신은) 왜 그렇게 창백해 보여요?

* pale : 창백한, 안색이 안 좋은

Why do you want to be alone?

와이 두 유 원(트) 투 비 얼로운?

(당신은) 왜 혼자 있고 싶나요?

* alone : 혼자 있는, 혼자서

핵심 패턴

형용사 질문패턴 019

Don't you think it's 형용사?

[돈(트) 유 띵(th)크 잍츠 ~?] [돈츄 띵(th)크 잍츠 ~?]

(당신은) (그것이) 형용사하다고 생각하지 않나요?

상대방도 나와 같이 어떤 것이 형용사하다고 생각하는지 확인하고자 물을 때

형용사 질문패턴 020

Why do you think I'm 형용사?

[와이 두 유 띵(th)크 아임 ~?]

당신은 왜 제가 형용사하다고 생각하나요?

상대방이 왜 내가 형용사하다고 생각하는지 물을 때

형용사 질문패턴 021

What should I do to be 형용사?

[왙 슈드 아이 두- 투 비 ~?] [왙 슈라이 두- 투 비 ~?]

(제가) 형용사하기 위해서 무엇을 해야 하나요?

내가 형용사하기 위해서 무엇을 하는 게 좋을지에 대해 조언을 구할 때

대표 문장

Don't you think it's strange?

돈츄 띵(th)크 잍츠 스트뤠인쥐?

그것이 이상하다고 생각하지 않나요?

* strange : 이상한

Why do you think I'm lazy?

와이 두 유 띵(th)크 아임 레이지(z)?

당신은 왜 제가 게으르다고 생각하시나요?

* lazy : 게으른

What should I do to be successful?

왇 슈라이 두- 투 비 썩쎄쓰플(f)?

성공하기 위해서 무엇을 해야 하나요?

* successful : 성공한, 성공적인

MP3 다운로드 & 듣기

PART 05

영어가 입에서 튀어나오는 동사 패턴 실전 활용 훈련

001 go home 고(우) 호움 | 집에 가다

한국어 문장을 보고 영어를 말해 보세요.

1 집에 갈 시간이에요.

2 집에 갑시다.

3 저는 집에 가야 해요.

4 저는 집에 가고 싶어요.

5 저는 집에 가고 싶지 않아요.

6 제가 이제 집에 가도 되나요?

영어 문장을 보자마자 한국어 뜻을 떠올릴 수 있는지 확인해 보세요.

1
동사 패턴
143

It's time to go home.
[잍츠 타임 투 고(우) 호움]

이 문장에서 It's는 It is를 줄인 형태입니다.

2
동사 패턴
003

Let's go home.
[렡츠 고(우) 호움]

Let's는 Let is가 아니라 Let us를 줄인 형태입니다.

3
동사 패턴
080

I have to go home.
[아이 해브(v) 투 고(우) 호움]

have to의 have는 '~을 가지고 있다'는 뜻의 have와 관련이 없습니다.

4
동사 패턴
019

I want to go home.
[아이 원(트) 투 고(우) 호움]

want to를 회화체로 줄여 wanna라고 말해도 됩니다.

5
동사 패턴
021

I don't want to go home.
[아이 돈(트) 원(트) 투 고(우) 호움]

don't는 do not을 줄인 형태입니다.

6
동사 질문패턴
032

Can I go home now?
[캔 아이 고(우) 호움 나우?]

Can I를 연음하면 [캐나이]와 같이 발음됩니다.

002 help you 헬프 유 I 너를 돕다

한국어 문장을 보고 영어를 말해 보세요.

1 제가 도와줄게요.

2 저는 당신을 돕고 싶어요.

3 (저는) 당신을 도우려고 여기에 왔어요.

4 저는 당신을 도울 수 없어요.

5 제가 당신을 도울 수 있다면 좋을 텐데요.

6 (무엇을) 도와 드릴까요? (의역)

영어 문장을 보자마자 한국어 뜻을 떠올릴 수 있는지 확인해 보세요.

1
동사 패턴 056

I will help you.
[아이 윌 헬프 유]
help you를 연음하면 [헬퓨]와 같이 발음됩니다.

2
동사 패턴 019

I want to help you.
[아이 원(트) 투 헬프 유]
회화체로 줄여 I wanna help you.라고 말해도 됩니다.

3
동사 패턴 009

I'm here to help you.
[아임 히얼(r) 투 헬프 유]
I'm here to는 내가 현재 여기에 있는 목적이 무엇인지에 말할 때 씁니다.

4
동사 패턴 083

I can't help you.
[아이 캔(트) 헬프 유]
can't는 cannot을 줄인 형태입니다.

5
동사 패턴 088

I wish I could help you.
[아이 위쉬 아이 쿠드 헬프 유]
현재 상대방을 도울 수 없는 상황에서 쓰는 표현입니다.

6
동사 질문패턴 033

May I help you?
[메이 아이 헬프 유?]
May I를 연음하면 [메아이]와 같이 발음됩니다.

003

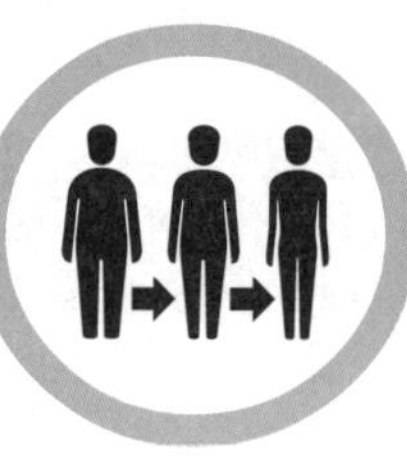

lose weight 루-즈 웨잍

살을 빼다, 살이 빠지다

한국어 문장을 보고 영어를 말해 보세요.

1 저는 살을 빼는 게 좋겠어요.

2 저는 살을 빼야만 해요.

3 저는 살을 빼려고 노력중이에요.

4 살을 빼는 것은 어려워요.

5 저는 살 빼는 법을 모르겠어요.

6 (당신은) 살을 어떻게 빼셨나요?

영어 문장을 보자마자 한국어 뜻을 떠올릴 수 있는지 확인해 보세요.

1
동사 패턴 079

I should lose weight.

[아이 슈드 루-즈 웨잍]

should는 그렇게 하는 것이 좋은 생각임을 나타내는 표현입니다.

2
동사 패턴 080

I have to lose weight.

[아이 해브(v) 투 루-즈 웨잍]

should와 달리 have to는 '반드시 해야 한다'는 의미를 가집니다.

3
동사 패턴 097

I'm trying to lose weight.

[아임 트롸잉 투 루-즈 웨잍]

I'm은 I am을 줄인 형태입니다.

4
동사 패턴 147

It's difficult to lose weight.

[잍츠 디퓌컬트 투 루-즈 웨잍]

이 문장에서 It's는 It is를 줄인 형태입니다.

5
동사 패턴 033

I don't know how to lose weight.

[아이 돈(트) 노(우) 하우 투 루-즈 웨잍]

I don't를 연음하면 [아이 론(트)]와 같이 발음됩니다.

6
동사 질문패턴 014

How did you lose weight?

[하우 디드 유 루-즈 웨잍?]

did you를 연음하면 [디쥬]와 같이 발음됩니다.

004  worry about it 워-뤼 어바웉 잍

그것에 대해 걱정하다

한국어 문장을 보고 영어를 말해 보세요.

1 그것에 대해 걱정하지 마세요.

2 저는 그것에 대해 걱정하지 않았어요.

3 저는 그것에 대해 걱정하지 않을 거예요.

4 (당신은) 그것에 대해 걱정할 필요가 없어요.

5 저는 당신이 그것에 대해 걱정하지 않았으면 좋겠어요.

6 저는 그것에 대해 걱정하지 않을 수가 없어요.

영어 문장을 보자마자 한국어 뜻을 떠올릴 수 있는지 확인해 보세요.

1
동사 패턴 002

Don't worry about it.
[돈(트) 워-뤼 어바웉 잍]
about it을 연음하면 [어바우릳]과 같이 발음됩니다.

2
동사 패턴 050

I didn't worry about it.
[아이 디든(트) 워-뤼 어바웉 잍]
didn't를 빠르게 발음할 때는 [디른(트)]와 같이 발음되기도 합니다.

3
동사 패턴 060

I'm not going to worry about it.
[아임 낱 고(우)잉 투 워-뤼 어바웉 잍]
회화체로 I'm not gonna worry about it.이라고 말할 수 있습니다.

4
동사 패턴 136

You don't have to worry about it.
[유 돈(트) 해브(v) 투 워-뤼 어바웉 잍]
You don't need to worry about it.도 비슷한 뜻입니다.

5
동사 패턴 026

I don't want you to worry about it.
[아이 돈(트) 원(트) 유 투 워-뤼 어바웉 잍]

6
동사 패턴 111

I can't help worrying about it.
[아이 캔(트) 헬프 워-륑 어바웉 잍]
I can't help but worry about it.도 같은 뜻입니다.

005 do my best 두- 마이 베스트

최선을 다하다

한국어 문장을 보고 영어를 말해 보세요.

1 최선을 다하겠습니다.

2 저는 항상 최선을 다합니다.

3 저는 최선을 다하고 있습니다.

4 저는 최선을 다했어요.

5 저는 최선을 다할 것을 약속드립니다.

6 저는 최선을 다하는 것 외에 다른 방법이 없어요.

MP3-058

영어 문장을 보자마자 한국어 뜻을 떠올릴 수 있는지 확인해 보세요.

1
동사 패턴 057

I'll do my best.

[아일 두- 마이 베스트]

I'll은 I will을 줄인 형태입니다.

2
동사 패턴 039

I always do my best.

[아이 얼-웨이즈 두- 마이 베스트]

3
동사 패턴 067

I'm doing my best.

[아임 두-잉 마이 베스트]

4
동사 패턴 049

I did my best.

[아이 디드 마이 베스트]

do의 과거형은 did입니다.

5
동사 패턴 115

I promise to do my best.

[아이 프라미쓰 투 두- 마이 베스트]

6
동사 패턴 095

I have no choice but to do my best.

[아이 해브(v) 노(우) 쵸이쓰 벋 투 두- 마이 베스트]

choice는 '선택권'이라는 뜻으로, '다른 선택의 여지가 없다'는 의미입니다.

006  cry 크라이 | 울다

한국어 문장을 보고 영어를 말해 보세요.

1 울지 마세요.

2 (제발) 그만 우세요.

3 저는 거의 울 뻔했어요.

4 저 안 울어요. (지금)

5 (당신) 울고 있나요? (울어요?)

6 왜 울어요?

영어 문장을 보자마자 한국어 뜻을 떠올릴 수 있는지 확인해 보세요.

1
동사 패턴 002

Don't cry.
[돈(트) 크롸이]
울려고 하는 사람에게 쓰는 표현입니다.

2
동사 패턴 005

Stop crying.
[스탑 크롸(이)잉]
울고 있는 사람에게 쓰는 표현입니다.

3
동사 패턴 051

I almost cried.
[아이 올-모(우)스트 크롸이드]

4
동사 패턴 068

I'm not crying.
[아임 낟 크롸(이)잉]

5
동사 질문패턴 001

Are you crying?
[알(r) 유 크롸(이)잉?]

6
동사 질문패턴 008

Why are you crying?
[와이 알(r) 유 크롸(이)잉?]
상대방이 지금 현재 왜 울고 있는지 물을 때 쓰는 표현입니다.

007  say that 쎄이 댙(th) | 그 말을 하다

한국어 문장을 보고 영어를 말해 보세요.

1 그런 말 하지 마세요.

2 저는 그런 말을 하지 않았어요.

3 저는 그 말을 하는 것 외에 다른 방법이 없었어요.

4 저는 그 말을 한 것을 후회해요.

5 왜 그런 말을 하셨어요?

6 왜 그런 말을 하시는 거죠?

영어 문장을 보자마자 한국어 뜻을 떠올릴 수 있는지 확인해 보세요.

1
동사 패턴 002

Don't say that.
[돈(트) 쎄이 댙(th)]

2
동사 패턴 050

I didn't say that.
[아이 디든(트) 쎄이 댙(th)]

didn't는 did not을 줄인 형태입니다.

3
동사 패턴 096

I had no choice but to say that.
[아이 해드 노(우) 쵸이쓰 벝 투 쎄이 댙(th)]

had는 have의 과거형입니다.

4
동사 패턴 091

I regret saying that.
[아이 뤼그렡 쎄-잉 댙(th)]

5
동사 질문패턴 015

Why did you say that?
[와이 디드 유 쎄이 댙(th)?]

did you를 연음하면 [디쥬]와 같이 발음됩니다.

6
동사 질문패턴 016

Why would you say that?
[와이 우드 유 쎄이 댙(th)?]

would you를 연음하면 [우쥬]와 같이 발음됩니다.

008  buy a car 바이 어 칼(r)- | 차를 사다

한국어 문장을 보고 영어를 말해 보세요.

1 저는 차를 사고 싶어요.

2 저는 차를 살 거예요.

3 저는 차를 살까 생각 중이에요.

4 저는 차를 살 돈이 없어요.

5 제가 당신이라면, 차를 사지 않을 거예요.

6 차를 사는 게 어때요?

영어 문장을 보자마자 한국어 뜻을 떠올릴 수 있는지 확인해 보세요.

1
동사 패턴 019

I want to buy a car.

[아이 원(트) 투 바이 어 칼(r)-]

want to를 회화체로 줄여 wanna라고 말해도 됩니다.

2
동사 패턴 059

I'm going to buy a car.

[아임 고(우)잉 투 바이 어 칼(r)-]

going to를 회화체로 줄여 gonna라고 말해도 됩니다.

3
동사 패턴 077

I'm thinking about buying a car.

[아임 띵(th)킹 어바웉 바(이)잉 어 칼(r)-]

4
동사 패턴 034

I don't have money to buy a car.

[아이 돈(트) 해브(v) 머니 투 바이 어 칼(r)-]

5
동사 패턴 090

If I were you, I wouldn't buy a car.

[E프(f) 아이 워(r) 유, 아이 우든(트) 바이 어 칼(r)-]

내가 상대방이 될 수 없기에 불가능한 상황에 대한 가정입니다.

6
동사 패턴 006

Why don't you buy a car?

[와이 돈츄 바이 어 칼(r)-?]

Why don't you ~?는 상대방에게 무언가를 하라고 제안할 때 씁니다.

009 quit smoking 퀻 스모(우)킹 | 담배를 끊다

한국어 문장을 보고 영어를 말해 보세요.

1 (제가) 담배를 끊을게요.

2 (당신은) 담배를 끊는 게 좋을 거예요.

3 담배를 끊는 것은 힘들어요.

4 저는 담배를 끊기로 결심했어요.

5 저는 담배를 끊지 않기로 결심했어요.

6 제가 당신이라면, 저는 담배를 끊을 거예요.

영어 문장을 보자마자 한국어 뜻을 떠올릴 수 있는지 확인해 보세요.

1
동사 패턴 057

I'll quit smoking.
[아일 큍 스모(우)킹]
I'll은 I will을 줄인 형태입니다.

2
동사 패턴 138

You'd better quit smoking.
[유드 베럴(l/r) 큍 스모(우)킹]
You'd better은 You had better을 줄인 형태입니다.

3
동사 패턴 148

It's hard to quit smoking.
[잍츠 할(r)-드 투 큍 스모(우)킹]
이 문장에서의 It's는 It is를 줄인 형태입니다.

4
동사 패턴 093

I decided to quit smoking.
[아이 디싸이디드 투 큍 스모(우)킹]
이 문장에서 decided는 decide의 과거형입니다.

5
동사 패턴 094

I decided not to quit smoking.
[아이 디싸이디드 낱 투 큍 스모(우)킹]

6
동사 패턴 089

If I were you, I would quit smoking.
[E프(f) 아이 월(r) 유, 아이 우드 큍 스모(우)킹]

010  eat out 잍- 아웉 | 외식하다

한국어 문장을 보고 영어를 말해 보세요.

1 (우리) 외식합시다.

2 저는 자주 외식을 해요.

3 저는 외식하는 것이 지겨워요.

4 저는 오늘 밤에 외식하고 싶어요.

5 외식할래요?

6 외식하시겠습니까?

영어 문장을 보자마자 한국어 뜻을 떠올릴 수 있는지 확인해 보세요.

1
동사 패턴 003

Let's eat out.
[렡츠 잍- 아웉]

2
동사 패턴 041

I often eat out.
[아이 어-픈(f) 잍- 아웉]

3
동사 패턴 128

I'm tired of eating out.
[아임 타이얼(r)드 어브(v) E-링 아웉]

I'm sick of eating out.도 비슷한 의미를 가진 표현입니다.

4
동사 패턴 030

I feel like eating out tonight.
[아이 퓌을 라잌 E-링 아웉 트나잍]

5
동사 질문패턴 020

Do you want to eat out?
[두 유 원(트) 투 잍- 아웉?]

6
동사 질문패턴 022

Would you like to eat out?
[우쥬 라잌 투 잍- 아웉?]

Do you want to eat out?보다 격식을 갖추어 묻는 공손한 표현입니다.

011  work out 월(r)-크 아웉 | 운동하다, 헬스하다

한국어 문장을 보고 영어를 말해 보세요.

1 저는 매일 운동을 해요.

2 저는 운동을 해야 해요.

3 저는 운동할 시간이 없어요.

4 (당신은) 운동을 하시나요?

5 얼마나 자주 운동을 하시나요?

6 일주일에 몇 번 운동을 하시나요?

영어 문장을 보자마자 한국어 뜻을 떠올릴 수 있는지 확인해 보세요.

1
동사 패턴 044

I work out every day.
[아이 웕(r)-크 아웉 에브(v)뤼 데이]

2
동사 패턴 080

I have to work out.
[아이 해브(v) 투 웕(r)-크 아웉]

3
동사 패턴 035

I don't have time to work out.
[아이 돈(트) 해브(v) 타임 투 웕(r)-크 아웉]

4
동사 질문패턴 002

Do you work out?
[두 유 웕(r)-크 아웉?]

상대방이 평소, 일반적으로 운동을 하는지 묻는 질문입니다.

5
동사 질문패턴 010

How often do you work out?
[하우 어-픈(f) 두 유 웕(r)-크 아웉?]

6
동사 질문패턴 011

How many times a week do you work out?
[하우 메니 타임즈 어 위-크 두 유 웕(r)-크 아웉?]

012 study hard 스터디 할(r)-드

열심히 공부하다

한국어 문장을 보고 영어를 말해 보세요.

1 저는 열심히 공부를 했어요.

2 저는 열심히 공부를 했어요. (강조)

3 저는 열심히 공부하지 않았어요.

4 저는 공부를 열심히 안 해요.

5 공부를 열심히 했어야 했는데요...

6 저는 공부를 열심히 해야 했어요.

영어 문장을 보자마자 한국어 뜻을 떠올릴 수 있는지 확인해 보세요.

1
동사 패턴 049

I studied hard.
[아이 스터디드 할(r)-드]
study의 과거형은 studied입니다.

2
동사 패턴 055

I did study hard.
[아이 디드 스터디 할(r)-드]
이 문장의 did는 과거의 의미와 강조의 의미를 함께 가지고 있습니다.

3
동사 패턴 050

I didn't study hard.
[아이 디든(트) 스터디 할(r)-드]
didn't는 did not을 줄인 형태입니다.

4
동사 패턴 038

I don't study hard.
[아이 돈(트) 스터디 할(r)-드]
내가 평소, 일반적으로 공부를 열심히 하지 않는다는 의미입니다.

5
동사 패턴 086

I should have studied hard.
[아이 슈드 해브(v) 스터디드 할(r)-드]
과거에 열심히 공부를 하지 않아 후회가 된다는 의미입니다.

6
동사 패턴 085

I had to study hard.
[아이 해드 투 스터디 할(r)-드]
과거에 반드시 열심히 공부를 해야 해서 열심히 했었다는 의미입니다.

013  do it 두-잍 | 그것을 하다

한국어 문장을 보고 영어를 말해 보세요.

1 하지 마세요. (그러지 마세요.)

2 저는 (그것을) 할 수 있어요.

3 저는 그것을 하지 말았어야 했어요.

4 저는 그것을 고의로 하지 않았어요.

5 저는 그것을 하지 않았어요.

6 (당신) 그거 어떻게 했어요?

영어 문장을 보자마자 한국어 뜻을 떠올릴 수 있는지 확인해 보세요.

1
동사 패턴 002

Don't do it.
[돈(트) 두- 잍]

2
동사 패턴 082

I can do it.
[아이 캔 두- 잍]
회화체에서는 [아이 큰 두- 잍]과 같이 can을 약하게 발음하기도 합니다.

3
동사 패턴 087

I shouldn't have done it.
[아이 슈든(트) 해브(v) 던 잍]
do의 과거분사(p.p.)는 done입니다.

4
동사 패턴 054

I didn't do it on purpose.
[아이 디든(트) 두- 잍 온 펄(r)-퍼쓰]
그것을 하긴 했는데, 고의로 한 것은 아니라는 의미입니다.

5
동사 패턴 050

I didn't do it.
[아이 디든(트) 두- 잍]
그것을 하지 않았다는 의미입니다.

6
동사 질문패턴 014

How did you do it?
[하우 디쥬 두- 잍?]
How did you do that?이라고 말할 수도 있습니다.

014 listen to music 리슨 투 뮤-직

음악을 듣다

한국어 문장을 보고 영어를 말해 보세요.

1 저는 매일 음악을 들어요.

2 저는 음악을 듣고 있어요.

3 저는 음악 듣는 것을 매우 좋아해요.

4 저는 음악을 듣지 않아요.

5 저는 음악을 듣고 있지 않아요.

6 얼마나 자주 음악을 들으시나요?

영어 문장을 보자마자 한국어 뜻을 떠올릴 수 있는지 확인해 보세요.

1
동사 패턴
044

I listen to music every day.
[아이 리쓴 투 뮤-직 에브(v)뤼 데이]

2
동사 패턴
067

I'm listening to music.
[아임 리쓰닝 투 뮤-직]
listen의 ing 형태는 listening입니다.

3
동사 패턴
015

I love listening to music.
[아이 러브(v) 리쓰닝 투 뮤-직]
I love to listen to music.이라고 말해도 됩니다.

4
동사 패턴
038

I don't listen to music.
[아이 돈(트) 리쓴 투 뮤-직]

5
동사 패턴
068

I'm not listening to music.
[아임 낱 리쓰닝 투 뮤-직]
listen의 ing 형태는 listening입니다.

6
동사 질문패턴
010

How often do you listen to music?
[하우 어-픈(f) 두 유 리쓴 투 뮤-직?]

015

think about it 띵(th)크 어바웉 잍

그것에 대해 생각하다

한국어 문장을 보고 영어를 말해 보세요.

1 (그것에 대해) 생각해 볼게요. (의역)

2 (저는) 그 생각을 멈출 수가 없어요.

3 저는 그것에 대해 생각해 본 적이 없어요.

4 저는 당신이 그것에 대해 생각해 봤으면 좋겠어요.

5 저는 그것에 대해 생각조차 하고 싶지 않아요.

6 (당신은) 아직 그 생각을 하고 있나요?

영어 문장을 보자마자 한국어 뜻을 떠올릴 수 있는지 확인해 보세요.

1
동사 패턴 004

Let me think about it.
[렐 미 띵(th)크 어바웉 잍]

about it을 연음하면 [어바우릩]과 같이 발음됩니다.

2
동사 패턴 110

I can't stop thinking about it.
[아이 캔(트) 스탚 띵(th)킹 어바웉 잍]

can't는 cannot을 줄인 형태입니다.

3
동사 패턴 063

I've never thought about it.
[아이브(v) 네붤(r) 똗- 어바웉 잍]

think의 과거분사(p.p.)는 thought입니다.

4
동사 패턴 025

I want you to think about it.
[아이 원(트) 유 투 띵(th)크 어바웉 잍]

5
동사 패턴 023

I don't even want to think about it.
[아이 돈(트) E븐(v) 원(트) 투 띵(th)크 어바웉 잍]

6
동사 질문패턴 007

Are you still thinking about it?
[알(r) 유 스틸 띵(th)킹 어바웉 잍?]

016  cook 쿡 | 요리하다

한국어 문장을 보고 영어를 말해 보세요.

1. 저는 요리를 잘해요.

2. 저는 요리를 하느라 바빠요.

3. 저는 요리를 하기엔 너무 피곤해요.

4. 저는 그렇게 자주 요리를 하진 않아요.

5. 저는 요리하느라 하루를 다 보냈어요.

6. (당신은) 요리하는 것을 좋아하나요? (요리하는 거 좋아하세요?)

영어 문장을 보자마자 한국어 뜻을 떠올릴 수 있는지 확인해 보세요.

1
동사 패턴
012

I'm good at cooking.

[아임 귿 앧 쿠킹]

내가 무언가를 잘한다고 말할 때 I'm good at ~.을 쓸 수 있습니다.

2
동사 패턴
122

I'm busy cooking.

[아임 비지(z) 쿠킹]

3
동사 패턴
127

I'm too tired to cook.

[아임 투- 타이얼(r)드 투 쿸]

너무 피곤해서 요리를 못하겠다는 의미입니다.

4
동사 패턴
046

I don't cook very often.

[아이 돈(트) 쿸 붸뤼 어-픈(f)]

not ~ very often은 '그렇게 자주는 아니다'라는 의미입니다.

5
동사 패턴
121

I spent all day cooking.

[아이 스펜트 올- 데이 쿠킹]

이 문장에서 spent는 spend의 과거형입니다.

6
동사 질문패턴
026

Do you like cooking?

[두 유 라잌 쿠킹?]

Do you like to cook?이라고 말해도 됩니다.

017 use it 유-즈 잍 | 그것을 사용하다

한국어 문장을 보고 영어를 말해 보세요.

1 그거 안 쓰고 있어요.

2 저는 그것을 사용하는 법을 몰라요.

3 그거 사용하는 법 아시나요?

4 제가 그것을 사용해도 되나요?

5 전에 그것을 사용해 본 적이 있나요?

6 그것을 사용한 지 얼마나 되었나요?

영어 문장을 보자마자 한국어 뜻을 떠올릴 수 있는지 확인해 보세요.

1
동사 패턴 068

I'm not using it.
[아임 낱 유-징 잍]
use의 ing 형태는 using입니다.

2
동사 패턴 033

I don't know how to use it.
[아이 돈(트) 노(우) 하우 투 유-즈 잍]

3
동사 질문패턴 027

Do you know how to use it?
[두 유 노(우) 하우 투 유-즈 잍?]

4
동사 질문패턴 032

Can I use it?
[캔 아이 유-즈 잍?]
Can I를 연음하면 [캐나이]와 같이 발음됩니다.

5
동사 질문패턴 006

Have you used it before?
[해뷰(v) 유-즈드 잍 비폴(f/r)?]
use의 과거분사(p.p.)는 used입니다.

6
동사 질문패턴 019

How long have you been using it?
[하우 롱- 해뷰(v) 빈 유-징 잍?]

018

hear that 히얼(r) 댙(th) | 그 말을 듣다

한국어 문장을 보고 영어를 말해 보세요.

1 그 말을 들으니 기쁘네요.

2 (그 말을 들어) 유감입니다.

3 저는 그 말을 듣고 놀랐었어요.

4 저는 그 말을 듣고 정말 마음이 놓였어요.

5 저는 그런 말을 많이 들어요.

6 (당신) 그거 어디에서 들었어요? (그 말 어디에서 들었어요?)

영어 문장을 보자마자 한국어 뜻을 떠올릴 수 있는지 확인해 보세요.

1
동사 패턴 011

I'm glad to hear that.
[아임 글래드 투 히얼(r) 댙(th)]

2
동사 패턴 008

I'm sorry to hear that.
[아임 쒀뤼 투 히얼(r) 댙(th)]

3
동사 패턴 130

I was surprised to hear that.
[아이 워즈(z) 썰(r)프롸이즈드 투 히얼(r) 댙(th)]

4
동사 패턴 131

I was so relieved to hear that.
[아이 워즈(z) 쏘(우) 륄리-브(v)드 투 히얼(r) 댙(th)]

5
동사 패턴 043

I hear that a lot.
[아이 히얼(r) 댙(th) 얼랕]

6
동사 질문패턴 013

Where did you hear that?
[웨얼(r) 디드 유 히얼(r) 댙(th)?]
did you를 연음하면 [디쥬]와 같이 발음됩니다.

019 like it 라익 잍

그것을 좋아하다, 그것이 마음에 들다

한국어 문장을 보고 영어를 말해 보세요.

1 당신은 그것이 마음에 들 거예요.

2 당신은 그것을 좋아하는 것 같네요.

3 당신은 그것을 좋아하지 않는 것 같네요.

4 (사실) 저는 그것을 별로 좋아하지 않아요.

5 저는 그것을 좋아했었어요. (지금은 아님)

6 처음에는 그것이 마음에 들지 않았어요.

영어 문장을 보자마자 한국어 뜻을 떠올릴 수 있는지 확인해 보세요.

1
동사 패턴 133

You'll like it.
[유을 라잌 잍]
You'll은 You will을 줄인 형태입니다.

2
동사 패턴 140

You seem to like it.
[유 씸- 투 라잌 잍]

3
동사 패턴 141

You don't seem to like it.
[유 돈(트) 씸- 투 라잌 잍]

4
동사 패턴 047

I don't really like it.
[아이 돈(트) 뤼을리 라잌 잍]

5
동사 패턴 048

I used to like it.
[아이 유-쓰(트) 투 라잌 잍]
used to를 틀리게 발음하는 경우가 많으므로 발음에 유의해야 합니다.

6
동사 패턴 053

I didn't like it at first.
[아이 디든(트) 라잌 잍 앹 풔(r)-스트]

020 take a taxi 테익 어 택씨 | 택시를 타다

한국어 문장을 보고 영어를 말해 보세요.

1 우리 택시 탑시다.

2 당신 택시를 타는 게 좋을걸요.

3 저는 (차라리) 택시를 타겠어요.

4 (당신은) 택시를 타야만 할 거예요.

5 제가 당신이라면, 택시를 탈 거예요.

6 (당신) 택시를 타는 게 어때요?

영어 문장을 보자마자 한국어 뜻을 떠올릴 수 있는지 확인해 보세요.

1
동사 패턴 003

Let's take a taxi.
[렡츠 테잌 어 탴씨]

2
동사 패턴 138

You'd better take a taxi.
[유드 베럴(l/r) 테잌 어 탴씨]
You'd better은 You had better을 줄인 형태입니다.

3
동사 패턴 092

I'd rather take a taxi.
[아이드 뤠덜(th/r) 테잌 어 탴씨]
I'd rather은 I would rather을 줄인 형태입니다.

4
동사 패턴 137

You will have to take a taxi.
[유 윌 해브(v) 투 테잌 어 탴씨]
You'll have to take a taxi.라고 줄여 쓸 수 있습니다.

5
동사 패턴 089

If I were you, I would take a taxi.
[E프(f) 아이 월(r) 유, 아이 우드 테잌 어 탴씨]

6
동사 패턴 006

Why don't you take a taxi?
[와이 돈츄 테잌 어 탴씨?]

021

get used to it 겥 유-쓰(트) 투 잍

그것에 익숙해지다

한국어 문장을 보고 영어를 말해 보세요.

1 저는 그것에 익숙해지고 있어요.

2 저는 그것에 익숙해지려고 노력했어요.

3 저는 그것에 익숙해졌어요.

4 당신은 그것에 익숙해져야만 해요.

5 당신은 그것에 익숙해질 거예요.

6 그것에 익숙해지는 건 저에게 어려워요.

영어 문장을 보자마자 한국어 뜻을 떠올릴 수 있는지 확인해 보세요.

1
동사 패턴 067

I'm getting used to it.
[아임 게링 유-쓰(트) 투 잍]
get의 ing 형태는 getting입니다.

2
동사 패턴 099

I tried to get used to it.
[아이 트롸이드 투 겥 유-쓰(트) 투 잍]
이 문장에서 tried는 try의 과거형입니다.

3
동사 패턴 061

I've got used to it.
[아이브(v) 같 유-쓰(트) 투 잍]
get의 과거분사(p.p.)는 got입니다.

4
동사 패턴 135

You have to get used to it.
유 해브(v) 투 겥 유-쓰(트) 투 잍]

5
동사 패턴 133

You'll get used to it.
[유을 겥 유-쓰(트) 투 잍]
You'll은 You will을 줄인 형태입니다.

6
동사 패턴 149

It's hard for me to get used to it.
[잍츠 할(r)-드 폴(f/r) 미 투 겥 유-쓰(트) 투 잍]

022  smoke 스모(우)크 | 담배를 피우다

한국어 문장을 보고 영어를 말해 보세요.

1 저는 담배를 피우지 않아요.

2 저는 담배를 폈었어요. (지금은 안 핌)

3 저는 담배를 피우고 있었어요.

4 저는 담배를 피워 본 적이 없어요.

5 담배를 피우시나요?

6 여기에서 담배를 피워도 될까요?

영어 문장을 보자마자 한국어 뜻을 떠올릴 수 있는지 확인해 보세요.

1
동사 패턴 038

I don't smoke.
[아이 돈(트) 스모(우)크]
흡연자가 아니라는 의미입니다.

2
동사 패턴 048

I used to smoke.
[아이 유-쓰(트) 투 스모(우)크]

3
동사 패턴 070

I was smoking.
[아이 워즈(z) 스모(우)킹]
smoke의 ing 형태는 smoking입니다.

4
동사 패턴 062

I have never smoked.
[아이 해브(v) 네붤(r) 스모윽트]
smoke의 과거분사(p.p.)는 smoked입니다.

5
동사 질문패턴 002

Do you smoke?
[두 유 스모(우)크?]
상대방이 흡연자인지를 묻는 질문입니다.

6
동사 질문패턴 028

Do you mind if I smoke here?
[두 유 마인드 E프(f) 아이 스모(우)크 히얼(r)?]
Do 대신 Would를 쓰면 더 공손한 표현이 됩니다.

023 

wake you up 웨익 유 엎

너를 깨워 주다, 너를 깨우다

한국어 문장을 보고 영어를 말해 보세요.

1 제가 7시에 (당신을) 깨워 줄게요.

2 당신을 깨우는 걸 깜빡했어요.

3 당신을 깨우려고 한 건 아니었어요.

4 저는 당신을 깨우고 싶지 않았어요.

5 제가 당신을 깨웠나요? (저 때문에 깼나요?)

6 몇 시에 깨워 줄까요? (몇 시에 당신을 깨워 주길 원하세요?)

영어 문장을 보자마자 한국어 뜻을 떠올릴 수 있는지 확인해 보세요.

1
동사 패턴 057

I'll wake you up at 7.

[아일 웨잌 유 엎 앹 쎄븐(v)]

I'll은 I will을 줄인 형태입니다.

2
동사 패턴 104

I forgot to wake you up.

[아이 풔(f)같 투 웨잌 유 엎]

이 문장에서 forgot은 forget의 과거형입니다.

3
동사 패턴 114

I didn't mean to wake you up.

[아이 디든(트) 민- 투 웨잌 유 엎]

4
동사 패턴 027

I didn't want to wake you up.

[아이 디든(트) 원(트) 투 웨잌 유 엎]

5
동사 질문패턴 037

Did I wake you up?

[디라이 웨잌 유 엎?]

Did I [디드 아이]를 연음하면 [디라이]와 같이 발음됩니다.

6
동사 질문패턴 023

What time do you want me to wake you up?

[왙 타임 두 유 원(트) 미 투 웨잌 유 엎?]

take out the garbage 테잌 아웉 더(th) 갈(r)-비쥐

쓰레기를 내다 버리다

한국어 문장을 보고 영어를 말해 보세요.

1 제가 쓰레기를 (내다) 버릴게요.

2 쓰레기 (내다) 버리는 거 잊지 마세요!

3 저는 쓰레기 버리는 것을 깜빡했어요.

4 쓰레기를 버려 주시겠어요?

5 쓰레기 언제 내다 버렸어요?

6 누가 쓰레기 내다 버렸어요?

영어 문장을 보자마자 한국어 뜻을 떠올릴 수 있는지 확인해 보세요.

1
동사 패턴 057

I'll take out the garbage.
[아일 테잌 아웉 더(th) 갈(r)-비쥐]

I'll은 I will을 줄인 형태입니다.

2
동사 패턴 103

Don't forget to take out the garbage.
[돈(트) 풜(r)겥 투 테잌 아웉 더(th) 갈(r)-비쥐]

3
동사 패턴 104

I forgot to take out the garbage.
[아이 풜(r)같 투 테잌 아웉 더(th) 갈(r)-비쥐]

이 문장에서 forgot은 forget의 과거형입니다.

4
동사 질문패턴 030

Could you take out the garbage?
[쿠쥬 테잌 아웉 더(th) 갈(r)-비쥐?]

Can you take out the garbage?보다 조금 더 공손하고 격식을 갖춘 표현입니다.

5
동사 질문패턴 017

When did you take out the garbage?
[웬 디쥬 테잌 아웉 더(th) 갈(r)-비쥐?]

6
동사 질문패턴 012

Who took out the garbage?
[후 퉄 아웉 더(th) 갈(r)-비쥐]

take의 과거형은 took입니다.

025 wait 웨잍 | 기다리다

한국어 문장을 보고 영어를 말해 보세요.

1 기다려 주셔서 고맙습니다.

2 저는 기다리는 것을 꺼리지 않아요.

3 저는 기다려야 했어요. (기다려야 해서 기다림)

4 저는 기다리는 것을 싫어해요.

5 당신은 기다리실 필요 없어요.

6 (제가) 기다려야 하나요?

영어 문장을 보자마자 한국어 뜻을 떠올릴 수 있는지 확인해 보세요.

1
동사 패턴 007

Thank you for waiting.
[땡(th)큐 폴(f/r) 웨이링]

2
동사 패턴 018

I don't mind waiting.
[아이 돈(트) 마인드 웨이링]
'저는 기다려도 괜찮아요.' 또는 '저는 기다려도 상관없어요.'라고 해석해도 됩니다.

3
동사 패턴 085

I had to wait.
[아이 해드 투 웨잍]

4
동사 패턴 016

I hate waiting.
[아이 헤잍 웨이링]
I hate to wait.라고 말해도 됩니다.

5
동사 패턴 136

You don't have to wait.
[유 돈(트) 해브(v) 투 웨잍]
You don't need to wait.도 비슷한 뜻입니다.

6
동사 질문패턴 034

Do I have to wait?
[두 아이 해브(v) 투 웨잍?]

026 

give up 기브(v) 엎 | 포기하다

한국어 문장을 보고 영어를 말해 보세요.

1 포기하지 마세요.

2 저는 포기하지 않을 거예요.

3 저는 포기하려고 했어요.

4 저는 당신이 포기하지 않았으면 좋겠어요.

5 저는 포기하는 법을 몰라요.

6 저는 결국 포기했어요.

영어 문장을 보자마자 한국어 뜻을 떠올릴 수 있는지 확인해 보세요.

1
동사 패턴 002

Don't give up!
[돈(트) 기브(v) 엎]

2
동사 패턴 060

I'm not going to give up.
[아임 낱 고(우)잉 투 기브(v) 엎]

회화체로 I'm not gonna give up.이라고 말해도 됩니다.

3
동사 패턴 071

I was going to give up.
[아이 워즈(z) 고(우)잉 투 기브(v) 엎]

회화체로 I was gonna give up.이라고 말해도 됩니다.

4
동사 패턴 026

I don't want you to give up.
[아이 돈(트) 원(트) 유 투 기브(v) 엎]

상대방이 포기하는 것을 원하지 않는다는 뜻입니다.

5
동사 패턴 033

I don't know how to give up.
[아이 돈(트) 노(우) 하우 투 기브(v) 엎]

6
동사 패턴 112

I ended up giving up.
[아이 엔디드 엎 기빙 엎]

give의 ing 형태는 giving입니다.

027 tell you the truth 텔 유 더(th) 츠루-뜨(th)

너에게 진실을 말하다, 너에게 사실을 말하다

한국어 문장을 보고 영어를 말해 보세요.

1 제가 (당신에게) 진실을 말해 줄게요.

2 당신에게 사실대로 말했어야 했는데요...

3 당신에게 사실대로 말하지 말았어야 했는데요...

4 당신에게 진실을 말할 수 없었어요.

5 당신에게 진실을 말할까 생각했었어요.

6 (제가) (당신에게) 사실대로 말해 주길 원하시나요?

영어 문장을 보자마자 한국어 뜻을 떠올릴 수 있는지 확인해 보세요.

1
동사 패턴 057

I'll tell you the truth.
[아일 텔 유 더(th) 츠루-뜨(th)]
I'll은 I will을 줄인 형태입니다.

2
동사 패턴 086

I should have told you the truth.
[아이 슈드 해브(v) 톨드 유 더(th) 츠루-뜨(th)]
tell의 과거분사(p.p.)는 told입니다.

3
동사 패턴 087

I shouldn't have told you the truth.
[아이 슈든(트) 해브(v) 톨드 유 더(th) 츠루-뜨(th)]
shouldn't는 회화체에서 [슈른(트)]와 같이 발음됩니다.

4
동사 패턴 084

I couldn't tell you the truth.
[아이 쿠든(트) 텔 유 더(th) 츠루-뜨(th)]
couldn't는 can't의 과거형입니다.

5
동사 패턴 078

I thought about telling you the truth.
[아이 똩(th)- 어바웉 텔링 유 더(th) 츠루-뜨(th)]
이 문장에서 thought는 think의 과거형입니다.

6
동사 질문패턴 021

Do you want me to tell you the truth?
[두 유 원(트) 미 투 텔 유 더(th) 츠루-뜨(th)?]

028  work 워(r)-크 | 일하다

한국어 문장을 보고 영어를 말해 보세요.

1 저는 (지금) 일을 하고 있어요.

2 저는 하루 종일 일했어요.

3 저는 일하느라 바빴어요.

4 저는 내일 일을 해야 해요.

5 저는 일하는 것을 선호해요. (더 좋아해요.)

6 어디에서 일하세요?

영어 문장을 보자마자 한국어 뜻을 떠올릴 수 있는지 확인해 보세요.

1
동사 패턴 067

I'm working (now).
[아임 월(r)-킹 (나우)]
work의 ing 형태는 working입니다.

2
동사 패턴 052

I worked all day (long).
[아이 월(r/k)-트 올- 데이 (롱-)]
'하루 종일'이라고 말할 때 all day 또는 all day long이라고 말합니다.

3
동사 패턴 123

I was busy working.
[아이 워즈(z) 비지(z) 월(r)-킹]

4
동사 패턴 080

I have to work tomorrow.
[아이 해브(v) 투 월(r)-크 트마-로(r)우]

5
동사 패턴 031

I prefer to work.
[아이 프뤼풔(r)- 투 월(r)-크]
I prefer working.이라고 말해도 됩니다.

6
동사 질문패턴 009

Where do you work?
[웨얼(r) 두 유 월(r)-크?]
일하는 장소를 묻는 질문입니다.

029 call you 콜-유 | 너에게 전화하다

한국어 문장을 보고 영어를 말해 보세요.

1 (제가) 다음 주에 전화할게요.

2 (당신에게) 전화하는 걸 깜빡했어요.

3 (당신에게) 막 전화하려던 참이었어요.

4 전화를 하기엔 너무 바빴어요.

5 더 일찍 전화를 드렸어야 했는데요...

6 제가 다시 전화 드려도 될까요?

영어 문장을 보자마자 한국어 뜻을 떠올릴 수 있는지 확인해 보세요.

1
동사 패턴 057

I'll call you next week.
[아일 콜- 유 넥쓰트 위-크]

2
동사 패턴 104

I forgot to call you.
[아이 풜(r)같 투 콜- 유]

3
동사 패턴 076

I was just about to call you.
[아이 워즈(z) 져스트 어바웉 투 콜- 유]

4
동사 패턴 124

I was too busy to call you.
[아이 워즈(z) 투- 비지(z) 투 콜- 유]

5
동사 패턴 086

I should have called you earlier.
[아이 슈드 해브(v) 콜-드 유 얼(r)-리얼(r)]
call의 과거분사(p.p.)는 called입니다.

6
동사 질문패턴 032

Can I call you back?
[캔 아이 콜- 유 백?]
call you back은 '(나중에) 다시 전화 주다'라는 의미입니다.

030 

enjoy your life 인죠이 유얼(r) 라이프(f)

너의 삶을 즐기다, 너의 인생을 즐기다

한국어 문장을 보고 영어를 말해 보세요.

1 (당신의) 인생을 즐기세요!

2 저는 당신이 당신의 삶을 즐겼으면 좋겠어요.

3 저는 당신이 삶을 즐기길 바랍니다.

4 인생을 즐기는 것을 잊지 마세요.

5 당신은 인생을 즐길 자격이 있어요.

6 당신이 인생을 즐길 시간입니다.

영어 문장을 보자마자 한국어 뜻을 떠올릴 수 있는지 확인해 보세요.

1
동사 패턴 001

Enjoy your life!
[인죠이 유얼(r) 라이프(f)!]

2
동사 패턴 025

I want you to enjoy your life.
[아이 원(트) 유 투 인죠이 유얼(r) 라이프(f)]

3
동사 패턴 116

I hope you enjoy your life.
[아이 호읖 유 인죠이 유얼(r) 라이프(f)]

4
동사 패턴 103

Don't forget to enjoy your life.
[돈(트) 풔(r)겥 투 인죠이 유얼(r) 라이프(f)]

5
동사 패턴 139

You deserve to enjoy your life.
[유 디졀(r)-브(v) 투 인죠이 유얼(r) 라이프(f)]

6
동사 패턴 144

It's time for you to enjoy your life.
[잍츠 타임 폴(f/r) 유 투 인죠이 유얼(r) 라이프(f)]

031 drink coffee 드링크 커-퓌 | 커피를 마시다

한국어 문장을 보고 영어를 말해 보세요.

1 저는 커피를 마시고 있어요.

2 저는 매일 커피를 마셔요.

3 저는 매일 커피를 마시지는 않아요.

4 저는 커피를 마시지 않아요.

5 저는 한 번도 커피를 마셔 본 적이 없어요.

6 얼마나 자주 커피를 마시나요?

영어 문장을 보자마자 한국어 뜻을 떠올릴 수 있는지 확인해 보세요.

1
동사 패턴 067

I'm drinking coffee.
[아임 드륑킹 커-퓌]
drink의 ing 형태는 drinking입니다.

2
동사 패턴 044

I drink coffee every day.
[아이 드륑크 커-퓌 에브(v)뤼 데이]

3
동사 패턴 045

I don't drink coffee every day.
[아이 돈(트) 드륑크 커-퓌 에브(v)뤼 데이]
커피를 마시긴 하지만 '매일 마시지는 않는다'는 의미입니다.

4
동사 패턴 038

I don't drink coffee.
[아이 돈(트) 드륑크 커-퓌]
'커피를 아예 마시지 않는다'는 의미입니다.

5
동사 패턴 063

I've never drunk coffee.
[아이브(v) 네뷜(r) 드뤙크 커-퓌]
I've never had coffee.라고 말해도 됩니다.

6
동사 질문패턴 010

How often do you drink coffee?
[하우 어-픈(f) 두 유 드륑크 커-퓌?]

032 talk to you 톡-투유

너와 이야기하다, 너와 대화하다

한국어 문장을 보고 영어를 말해 보세요.

1 나중에 이야기합시다. (의역)

2 저는 당신과 대화할 시간이 없어요.

3 저는 당신과 이야기하고 싶지 않아요.

4 저는 당신과 이야기해 보고 싶었어요.

5 당신과 대화해서 좋았어요.

6 (제가 당신과) 잠시 이야기할 수 있을까요?

영어 문장을 보자마자 한국어 뜻을 떠올릴 수 있는지 확인해 보세요.

1
동사 패턴 057

I'll talk to you later.
[아일 톡- 투 유 레이럴(l/r)]
I'll 없이 Talk to you later.으로도 자주 씁니다.

2
동사 패턴 035

I don't have time to talk to you.
[아이 돈(트) 해브(v) 타임 투 톡- 투 유]

3
동사 패턴 022

I don't wanna talk to you.
[아이 돈(트) 워너 톡- 투 유]
wanna는 want to를 줄인 말로, 회화체에서 자주 쓰입니다.

4
동사 패턴 028

I've wanted to talk to you.
[아이브(v) 원티(드) 투 톡- 투 유]
연음하여 발음하면 [아이브 워니투 톡- 투 유]와 같이 발음됩니다.

5
동사 패턴 150

It was nice talking to you.
[잍 워즈(z) 나이쓰 토-킹 투 유]
대화를 막 끝마친 상황에서 주로 쓰는 표현입니다.

6
동사 질문패턴 032

Can I talk to you for a sec?
[캔 아이 톡- 투 유 폴(f/r) 어 쎅?]
Can I talk to you for a second?와 같은 말입니다.

033  order 올(r)-덜(r) | 주문하다, ~을 주문하다

한국어 문장을 보고 영어를 말해 보세요.

1 주문할게요. (주문하고 싶습니다.)

2 저는 주문할 준비가 되었습니다.

3 저는 아직 주문을 하지 않았어요.

4 주문할 것이 없네요.

5 주문할 준비가 되셨습니까?

6 지금 주문해도 되나요?

영어 문장을 보자마자 한국어 뜻을 떠올릴 수 있는지 확인해 보세요.

1
동사 패턴 024

I'd like to order.
[아이드 라잌 투 올(r)-덜(r)]
I want to order.보다 조금 더 격식을 갖춘 표현입니다.

2
동사 패턴 010

I'm ready to order.
[아임 뤠디 투 올(r)-덜(r)]

3
동사 패턴 064

I haven't ordered yet.
[아이 해븐(v)(트) 올(r)-덜(r)드 옐]
order의 과거분사(p.p.)는 ordered입니다.

4
동사 패턴 154

There's nothing to order.
[데(th)얼즈 나띵(th) 투 올(r)-덜(r)]
문장 맨 앞에 온 There은 해석하지 않습니다.

5
동사 질문패턴 025

Are you ready to order?
[알(r) 유 뤠디 투 올(r)-덜(r)?]

6
동사 질문패턴 032

Can I order now?
[캔 아이 올(r)-덜(r) 나우?]

034

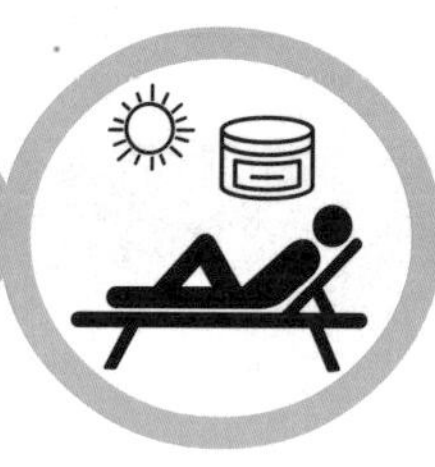

wear sunblock 웨얼(r) 썬블락

선크림을 바르다

한국어 문장을 보고 영어를 말해 보세요.

1 선크림 바르는 거 잊지 마세요.

2 저는 항상 선크림을 발라요.

3 저는 선크림을 바르지 않아요.

4 선크림을 바르라고 말했잖아요.

5 (당신은) 선크림을 발라야 합니다.

6 선크림을 바르는 것은 중요해요.

영어 문장을 보자마자 한국어 뜻을 떠올릴 수 있는지 확인해 보세요.

1
동사 패턴 103

Don't forget to wear sunblock.
[돈(트) 풜(r)겥 투 웨얼(r) 썬블락]

2
동사 패턴 039

I always wear sunblock.
[아이 얼-웨이즈 웨얼(r) 썬블락]

3
동사 패턴 038

I don't wear sunblock.
[아이 돈(트) 웨얼(r) 썬블락]

4
동사 패턴 105

I told you to wear sunblock.
[아이 톨(드) 유 투 웨얼(r) 썬블락]
told you를 연음하면 [톨쥬]와 같이 발음됩니다.

5
동사 패턴 134

You should wear sunblock.
[유 슈드 웨얼(r) 썬블락]

6
동사 패턴 146

It's important to wear sunblock.
[잍츠 임폴(r)-튼트 투 웨얼(r) 썬블락]
important는 [임폴(r)-은트]라고 발음하기도 합니다.

035 play the guitar 플레이 더(th) 기탈(r)-

기타를 치다

한국어 문장을 보고 영어를 말해 보세요.

1 저는 기타를 쳤었어요. (지금은 안 침)

2 저는 기타를 칠 수 있어요.

3 저는 기타 치는 법을 알아요.

4 저는 기타 치는 법을 몰라요.

5 저는 기타 치는 법을 배우고 싶어요.

6 기타 언제 배웠어요?

영어 문장을 보자마자 한국어 뜻을 떠올릴 수 있는지 확인해 보세요.

1
동사 패턴 048

I used to play the guitar.
[아이 유-쓰(트) 투 플레이 더(th) 기탈(r)-]

2
동사 패턴 082

I can play the guitar.
[아이 캔 플레이 더(th) 기탈(r)-]

3
동사 패턴 032

I know how to play the guitar.
[아이 노(우) 하우 투 플레이 더(th) 기탈(r)-]

4
동사 패턴 033

I don't know how to play the guitar.
[아이 돈(트) 노(우) 하우 투 플레이 더(th) 기탈(r)-]

5
동사 패턴 036

I want to learn how to play the guitar.
[아이 원(트) 투 러언 하우 투 플레이 더(th) 기탈(r)-]
I want to learn to play the guitar.이라고 말해도 됩니다.

6
동사 질문패턴 024

When did you learn to play the guitar?
[웬 디쥬 러언 투 플레이 더(th) 기탈(r)-?]
When did you learn how to play the guitar?이라고 말해도 됩니다.

036  visit Europe 뷔짙 유-뤞 | 유럽을 방문하다

한국어 문장을 보고 영어를 말해 보세요.

1 저는 유럽을 방문할 계획이에요.

2 저는 항상 유럽을 방문하고 싶었어요.

3 저는 유럽을 빨리 방문하고 싶어요. (의역)

4 유럽을 방문하는 것은 처음입니다.

5 유럽은 방문할 가치가 있습니다.

6 (당신은) 언제 유럽을 방문하실 겁니까?

영어 문장을 보자마자 한국어 뜻을 떠올릴 수 있는지 확인해 보세요.

1
동사 패턴 074

I'm planning to visit Europe.
[아임 플래닝 투 뷔짙 유-뤞]
I'm going to visit Europe.이라고 말해도 비슷한 의미를 전달합니다.

2
동사 패턴 029

I've always wanted to visit Europe.
[아이브(v) 얼-웨이즈 원티드 투 뷔짙 유-뤞]

3
동사 패턴 109

I can't wait to visit Europe.
[아이 캔(트) 웨잍 투 뷔짙 유-뤞]
기다릴 수 없을 정도로 빨리 방문하고 싶다는 의미입니다.

4
동사 패턴 145

It's my first time visiting Europe.
[잍츠 마이 풜(r)-스트 타임 뷔지링 유-뤞]

5
동사 패턴 151

It's worth visiting Europe.
[잍츠 월(r)-뜨(th) 뷔지링 유-뤞]
Europe is worth visiting.이라고 말할 수도 있습니다.

6
동사 질문패턴 018

When are you going to visit Europe?
[웬 알(r) 유 고(우)잉 투 뷔짙 유-뤞?]
회화체로 When are you gonna visit Europe?이라고 말할 수 있습니다.

037 

travel alone 트레블(v) 얼로운

혼자서 여행하다

한국어 문장을 보고 영어를 말해 보세요.

1 저는 가끔 혼자서 여행해요.

2 저는 혼자서 여행하는 것에 익숙해요.

3 혼자서 여행하는 것은 처음이에요.

4 (당신은) 혼자서 여행하고 있나요?

5 (당신은) 혼자서 여행할 예정입니까?

6 (당신은) 혼자서 여행을 해 본 적 있나요?

영어 문장을 보자마자 한국어 뜻을 떠올릴 수 있는지 확인해 보세요.

1
동사 패턴 042

I sometimes travel alone.
[아이 썸타임즈 트뤠블(v) 얼로운]

2
동사 패턴 118

I'm used to traveling alone.
[아임 유-쓰(트) 투 트뤠블(v)링 얼로운]
I used to ~. 패턴과 혼동하지 않도록 주의해야 합니다.

3
동사 패턴 145

It's my first time traveling alone.
[잍츠 마이 풔(r)-스트 타임 트뤠블(v)링 얼로운]

4
동사 질문패턴 001

Are you traveling alone?
[알(r) 유 트뤠블(v)링 얼로운?]
travel의 ing 형태는 traveling입니다.

5
동사 질문패턴 004

Are you going to travel alone?
[알(r) 유 고(우)잉 투 트뤠블(v) 얼로운?]
회화체로 Are you gonna travel alone?이라고 말할 수 있습니다.

6
동사 질문패턴 005

Have you ever traveled alone?
[해뷰(v) 에붤(r) 트뤠블(v)드 얼로운?]
travel의 과거분사(p.p.)는 traveled입니다.

038  get married 겥 매뤼드 | 결혼하다

한국어 문장을 보고 영어를 말해 보세요.

1 저는 결혼하고 싶어요.

2 저는 다음 달에 결혼해요.

3 저는 결혼을 하지 않으려고 했어요.

4 저는 결혼을 하기엔 너무 어려요.

5 저는 결혼할 나이입니다. (의역)

6 제가 왜 결혼을 해야 하죠?

영어 문장을 보자마자 한국어 뜻을 떠올릴 수 있는지 확인해 보세요.

1
동사 패턴 019

I want to get married.
[아이 원(트) 투 겥 매뤼드]
회화체로는 I wanna get married.라고 말할 수 있습니다.

2
동사 패턴 069

I'm getting married next month.
[아임 게링 매뤼드 넥스트 먼뜨(th)]
I'm going to get married next month.라고 말해도 됩니다.

3
동사 패턴 072

I wasn't going to get married.
[아이 워즌(트) 고(우)잉 투 겥 매뤼드]
회화체로는 I wasn't gonna get married.라고 말할 수 있습니다.

4
동사 패턴 125

I'm too young to get married.
[아임 투- 영 투 겥 매뤼드]

5
동사 패턴 126

I'm old enough to get married.
[아임 오을드 E너프(f) 투 겥 매뤼드]
'내가 결혼을 할 만큼 충분히 나이가 들었다'는 의미입니다.

6
동사 질문패턴 036

Why should I get married?
[와이 슈라이 겥 매뤼드?]
should I [슈드 아이]를 연음하면 [슈라이]와 같이 발음됩니다.

039  make money 메익 머니 | 돈을 벌다

한국어 문장을 보고 영어를 말해 보세요.

1 저는 돈 버는 것을 즐겨요.

2 저는 돈을 벌어야만 해요.

3 저는 돈을 벌기 위해 최선을 다합니다.

4 돈 버는 것은 힘들어요.

5 그것이 돈을 버는 최고의 방법이에요.

6 저는 돈을 벌기 위해 무엇이든 할 거예요.

영어 문장을 보자마자 한국어 뜻을 떠올릴 수 있는지 확인해 보세요.

1
동사 패턴 017

I enjoy making money.
[아이 인죠이 메이킹 머니]
make의 ing 형태는 making입니다.

2
동사 패턴 080

I have to make money.
[아이 해브(v) 투 메익 머니]

3
동사 패턴 101

I do my best to make money.
[아이 두- 마이 베스트 투 메익 머니]

4
동사 패턴 148

It's hard to make money.
[잍츠 할(r)-드 투 메익 머니]

5
동사 패턴 153

That's the best way to make money.
[댙(th)츠 더(th) 베스트 웨이 투 메익 머니]

6
동사 패턴 108

I will do anything to make money.
[아이 윌 두- 에니띵(th) 투 메익 머니]
I will을 줄여 I'll do anything to make money.라고 말할 수도 있습니다.

040 pay for dinner 페이 폴(f/r) 디널(r)

저녁값을 지불하다, 저녁값을 내다

한국어 문장을 보고 영어를 말해 보세요.

1 제가 저녁값을 낼게요.

2 제가 저녁값을 지불하고 싶습니다.

3 제가 저녁값을 내려고 했었는데요.

4 (당신은) 저녁값을 지불하실 필요가 없어요.

5 누가 저녁값을 지불했나요?

6 (당신이) 왜 저녁값을 지불하셨어요?

영어 문장을 보자마자 한국어 뜻을 떠올릴 수 있는지 확인해 보세요.

1
동사 패턴 057

I'll pay for dinner.
[아일 페이 폴(f/r) 디널(r)]

2
동사 패턴 024

I'd like to pay for dinner.
[아이드 라익 투 페이 폴(f/r) 디널(r)]

I want to pay for dinner.보다 조금 더 공손하고 격식을 갖춘 표현입니다.

3
동사 패턴 071

I was going to pay for dinner.
[아이 워즈(z) 고(우)잉 투 페이 폴(f/r) 디널(r)]

회화체로 I was gonna pay for dinner.라고 말할 수 있습니다.

4
동사 패턴 136

You don't have to pay for dinner.
[유 돈(트) 해브(v) 투 페이 폴(f/r) 디널(r)]

5
동사 질문패턴 012

Who paid for dinner?
[후 페이드 폴(f/r) 디널(r)?]

이 문장에서 paid는 pay의 과거형입니다.

6
동사 질문패턴 015

Why did you pay for dinner?
[와이 디쥬 페이 폴(f/r) 디널(r)?]

041 borrow it 바로(r)우 잍 | 그것을 빌리다

한국어 문장을 보고 영어를 말해 보세요.

1 저는 그것을 빌려야 해요. (빌릴 필요가 있어요.)

2 저는 그것을 빌릴까 생각 중이에요.

3 저는 그것을 빌릴 계획입니다.

4 (당신은) 언제든 그것을 빌릴 수 있어요.

5 제가 그것을 빌릴 수 있을까요?

6 제가 어디에서 그것을 빌릴 수 있나요?

영어 문장을 보자마자 한국어 뜻을 떠올릴 수 있는지 확인해 보세요.

1
동사 패턴 073

I need to borrow it.
[아이 니-(드) 투 바로(r)우 잍]

2
동사 패턴 077

I'm thinking about borrowing it.
[아임 띵(th)킹 어바웉 바로(r)우잉 잍]

I'm thinking of borrowing it.이라고 말해도 큰 의미 차이는 없습니다.

3
동사 패턴 074

I'm planning to borrow it.
[아임 플래닝 투 바로(r)우 잍]

I'm going to borrow it.이라고 말해도 비슷한 의미를 전달합니다.

4
동사 패턴 132

You can borrow it anytime.
[유 캔 바로(r)우 잍 에니타임]

5
동사 질문패턴 032

Can I borrow it?
[캔 아이 바로(r)우 잍?]

Can 대신 Could를 쓰면 더 공손한 표현이 됩니다.

6
동사 질문패턴 035

Where can I borrow it?
[웨얼(r) 캔 아이 바로(r)우 잍?]

042 lend him money 렌드 힘 머니

그에게 돈을 빌려주다

한국어 문장을 보고 영어를 말해 보세요.

1 그에게 돈을 빌려주지 마세요.

2 저는 그에게 돈을 빌려주었어요.

3 그에게 돈을 빌려주지 말라고 했잖아요.

4 그에게 돈을 빌려주는 것 외에는 선택의 여지가 없었어요.

5 (당신은) 그에게 돈을 빌려주지 말았어야 했어요.

6 (당신은) 왜 그에게 돈을 빌려주었나요?

영어 문장을 보자마자 한국어 뜻을 떠올릴 수 있는지 확인해 보세요.

1
동사 패턴 002

Don't lend him money.
[돈(트) 렌드 힘 머니]

2
동사 패턴 049

I lent him money.
[아이 렌트 힘 머니]
이 문장에서의 lent는 lend의 과거형입니다.

3
동사 패턴 106

I told you not to lend him money.
[아이 톨(드) 유 낱 투 렌드 힘 머니]
이 문장에서의 told는 tell의 과거형입니다.

4
동사 패턴 096

I had no choice but to lend him money.
[아이 해드 노(우) 쵸이쓰 벝 투 렌드 힘 머니]
'저는 어쩔 수 없이 그에게 돈을 빌려주었어요.'라고 의역할 수 있습니다.

5
동사 패턴 142

You shouldn't have lent him money.
[유 슈든(트) 해브(v) 렌트 힘 머니]
이 문장에서의 lent는 lend의 과거분사(p.p.) 형태입니다.

6
동사 질문패턴 015

Why did you lend him money?
[와이 디쥬 렌드 힘 머니?]
did you [디드 유]를 연음하면 [디쥬]와 같이 발음됩니다.

043 sleep 슬맆- | 자다, 잠자다

한국어 문장을 보고 영어를 말해 보세요.

1 저는 잠을 너무 많이 자요.

2 저는 어젯밤에 잠을 자지 못했어요.

3 저는 밤에 잠을 자는 데 어려움을 겪었어요.

4 저는 자고 있었어요.

5 저는 바닥에서 자야 했어요.

6 잘 주무셨나요?

영어 문장을 보자마자 한국어 뜻을 떠올릴 수 있는지 확인해 보세요.

1
동사 패턴 037

I sleep too much.
[아이 슬맆- 투- 머취]
'평소, 일반적으로 잠을 너무 많이 잔다'는 의미입니다.

2
동사 패턴 084

I couldn't sleep last night.
[아이 쿠든(트) 슬맆- 라스트 나잍]
last night은 [라스트 나잍] 또는 [래스트 나잍]이라고 발음합니다.

3
동사 패턴 113

I had trouble sleeping at night.
[아이 해드 트뤄블 슬리-핑 앹 나잍]
이 문장에서의 had는 have의 과거형입니다.

4
동사 패턴 070

I was sleeping.
[아이 워즈(z) 슬리-핑]
내가 과거의 특정한 시점에 '잠을 자고 있는 중'이었다는 의미입니다.

5
동사 패턴 085

I had to sleep on the floor.
[아이 해드 투 슬맆- 온 더(th) 플(f)로얼(r)]

6
동사 질문패턴 003

Did you sleep well?
[디쥬 슬맆- 웰?]
Did you [디드 유]를 연음하면 [디쥬]와 같이 발음됩니다.

044  stay up too late 스테이 엎 투- 레잍

너무 늦게까지 깨어 있다

한국어 문장을 보고 영어를 말해 보세요.

1 너무 늦게까지 깨어 있지는 마세요.

2 저는 너무 늦게까지 깨어 있었어요.

3 저는 너무 늦게까지 깨어 있지 않으려고 노력해요.

4 저는 너무 늦게까지 깨어 있는 것에 익숙하지 않아요.

5 저는 너무 늦게까지 깨어 있었던 것을 후회해요.

6 저는 너무 늦게까지 깨어 있지 말았어야 했어요.

영어 문장을 보자마자 한국어 뜻을 떠올릴 수 있는지 확인해 보세요.

1
동사 패턴 002

Don't stay up too late.
[돈(트) 스테이 엎 투- 레잍]

2
동사 패턴 049

I stayed up too late.
[아이 스테이드 엎 투- 레잍]

이 문장에서의 stayed는 stay의 과거형입니다.

3
동사 패턴 100

I try not to stay up too late.
[아이 트롸이 낱 투 스테이 엎 투- 레잍]

4
동사 패턴 119

I'm not used to staying up too late
[아임 낱 유-쓰(트) 투 스테(이)잉 엎 투- 레잍]

5
동사 패턴 091

I regret staying up too late.
[아이 뤼그뤹 스테(이)잉 엎 투- 레잍]

6
동사 패턴 087

I shouldn't have stayed up too late.
[아이 슈든(트) 해브(v) 스테이드 엎 투- 레잍]

shouldn't는 [슈른(트)]라고 발음하기도 합니다.

045  get up early 게럽 얼(r)-리 | 일찍 일어나다

한국어 문장을 보고 영어를 말해 보세요.

1 저는 주로 일찍 일어나요.

2 저는 일찍 일어나려고 노력합니다.

3 저는 내일 일찍 일어날 필요가 없어요.

4 저는 일찍 일어나는 것에 익숙해지고 있어요.

5 저는 일찍 일어나는 것이 힘들어요.

6 일찍 일어나셨나요?

영어 문장을 보자마자 한국어 뜻을 떠올릴 수 있는지 확인해 보세요.

1
동사 패턴 040

I usually get up early.
[아이 유-쥬을리 게렆 얼(r)-리]

2
동사 패턴 098

I try to get up early.
[아이 트롸이 투 게렆 얼(r)-리]

3
동사 패턴 081

I don't have to get up early tomorrow.
[아이 돈(트) 해브(v) 투 게렆 얼(r)-리 트마-로(r)우]

4
동사 패턴 120

I'm getting used to getting up early.
[아임 게링 유-쓰(트) 투 게링 엎 얼(r)-리]

get의 ing 형태는 getting입니다.

5
동사 패턴 149

It's hard for me to get up early.
[잍츠 할(r)-드 폴(f/r) 미 투 게렆 얼(r)-리]

6
동사 질문패턴 003

Did you get up early?
[디쥬 게렆 얼(r)-리?]

Did you [디드 유]를 연음하면 [디쥬]와 같이 발음됩니다.

046  watch TV 와-취 티-뷔- I TV를 보다

한국어 문장을 보고 영어를 말해 보세요.

1 저는 TV를 보지 않을 거예요.

2 저는 TV 보는 것을 좋아해요.

3 저는 TV 보는 것을 즐겨요.

4 저는 TV를 그렇게 자주 보진 않아요.

5 저는 TV를 볼 시간이 없어요.

6 저는 3시간째 TV를 보고 있어요.

영어 문장을 보자마자 한국어 뜻을 떠올릴 수 있는지 확인해 보세요.

1
동사 패턴 058

I won't watch TV.
[아이 워운(트) 와-취 티-뷔-]
won't는 will not을 줄인 형태입니다.

2
동사 패턴 013

I like watching TV.
[아이 라잌 와-췽 티-뷔-]
I like to watch TV.라고 말해도 됩니다.

3
동사 패턴 017

I enjoy watching TV.
[아이 인죠이 와-췽 티-뷔-]
I enjoy to watch TV.라고 말하지는 않습니다.

4
동사 패턴 046

I don't watch TV very often.
[아이 돈(트) 와-취 티-뷔- 붸뤼 어-픈(f)]
not ~ very often은 '그렇게 자주는 아니다'라는 의미입니다.

5
동사 패턴 035

I don't have time to watch TV.
[아이 돈(트) 해브(v) 타임 투 와-취 티-뷔-]

6
동사 패턴 066

I've been watching TV for 3 hours.
[아이브(v) 빈 와-췽 티-뷔- 폴(f/r) 뜨뤼- 아우얼쓰]
과거부터 지금까지 3시간 동안 이어서 TV를 보고 있다는 의미입니다.

047

do the dishes 두- 더(th) 디쉬즈

설거지하다

한국어 문장을 보고 영어를 말해 보세요.

1 제가 설거지를 할게요.

2 저는 설거지를 하는 중이었어요.

3 저는 설거지하는 것을 좋아하지 않아요.

4 저는 설거지를 해도 상관없어요. (의역)

5 저는 설거지를 하는 것에 질렸어요.

6 (내가) 설거지하는 것 좀 도와줄 수 있나요?

영어 문장을 보자마자 한국어 뜻을 떠올릴 수 있는지 확인해 보세요.

1
동사 패턴 057

I'll do the dishes.

[아일 두- 더(th) 디쉬즈]

I'll은 I will을 줄인 형태입니다.

2
동사 패턴 070

I was doing the dishes.

[아이 워즈(z) 두-잉 더(th) 디쉬즈]

do의 ing 형태는 doing입니다.

3
동사 패턴 014

I don't like doing the dishes.

[아이 돈(트) 라잌 두-잉 더(th) 디쉬즈]

I don't like to do the dishes.라고 말해도 됩니다.

4
동사 패턴 018

I don't mind doing the dishes.

[아이 돈(트) 마인드 두-잉 더(th) 디쉬즈]

직역하면 '저는 설거지하는 것을 꺼리지 않아요.'라는 뜻입니다.

5
동사 패턴 129

I'm sick of doing the dishes.

[아임 씩 어브(v) 두-잉 더(th) 디쉬즈]

I'm tired of doing the dishes.와 거의 같은 뜻입니다.

6
동사 질문패턴 031

Can you help me do the dishes?

[캔 유 헬프 미 두- 더(th) 디쉬즈?]

048 take a shower 테잌 어 샤-워(r)

사워하다

한국어 문장을 보고 영어를 말해 보세요.

1 샤워부터 하세요. (의역)

2 샤워하는 거 잊지 마세요.

3 저는 이제 막 샤워를 하려고 해요.

4 저는 샤워하고 싶어요.

5 지금 당장 샤워를 할 수 있다면 좋을 텐데...

6 샤워를 할 시간입니다.

영어 문장을 보자마자 한국어 뜻을 떠올릴 수 있는지 확인해 보세요.

1
동사 패턴 001

Take a shower first.
[테잌 어 샤-월(r) 풜(r)-스트]
직역하면 '우선(먼저) 샤워를 하세요.'라는 뜻입니다.

2
동사 패턴 103

Don't forget to take a shower.
[돈(트) 풜(r)겥 투 테잌 어 샤-월(r)]

3
동사 패턴 075

I'm about to take a shower.
[아임 어바웉 투 테잌 어 샤-월(r)]

4
동사 패턴 020

I wanna take a shower.
[아이 워너 테잌 어 샤-월(r)]
wanna는 want to를 줄인 말로, 회화체에서 주로 쓰입니다.

5
동사 패턴 088

I wish I could take a shower right now.
[아이 위쉬 아이 쿠드 테잌 어 샤-월(r) 롸잍 나우]
'현재 샤워를 할 수 없는 상황에서의 소망'을 나타내는 표현입니다.

6
동사 패턴 143

It's time to take a shower.
[잍츠 타임 투 테잌 어 샤-월(r)]

049 throw up 뜨로(r)우 엎 | 토하다

한국어 문장을 보고 영어를 말해 보세요.

1 저는 토를 하고 싶어요.

2 그것은 저를 토하고 싶게 만들었어요.

3 저 토할 것 같아요.

4 저는 거의 토를 할 뻔했어요.

5 저는 결국 토를 했어요.

6 저는 최근에 토를 한 적이 없어요.

영어 문장을 보자마자 한국어 뜻을 떠올릴 수 있는지 확인해 보세요.

1

동사 패턴 019

I want to throw up.
[아이 원(트) 투 뜨로(r)우 엎]

2

동사 패턴 152

It made me want to throw up.
[잍 메이드 미 원(트) 투 뜨로(r)우 엎]

3

동사 패턴 030

I feel like throwing up.
[아이 퓌을 라잌 뜨로(r)우잉 엎]

I want to throw up.과 비슷하지만, 상대적으로 덜 급박할 때 씁니다.

4

동사 패턴 051

I almost threw up.
[아이 올-모(우)스트 뜨루(r)- 엎]

threw는 throw의 과거형입니다.

5

동사 패턴 112

I ended up throwing up.
[아이 엔디드 엎 뜨로(r)우잉 엎]

이 문장에서의 ended는 end의 과거형입니다.

6

동사 패턴 065

I haven't thrown up lately.
[아이 해븐(v)(트) 뜨로(r)운 엎 레잍리]

lately의 뜻은 '늦게'가 아니라 '최근에'입니다.

050

solve the problem 쏠브(v) 더(th) 프롸블럼

그 문제를 해결하다

한국어 문장을 보고 영어를 말해 보세요.

1 저는 그 문제를 해결하기 위해 노력중입니다.

2 저는 그 문제를 해결할 수 없었어요.

3 저는 가까스로 그 문제를 해결할 수 있었어요.

4 저는 그 문제를 해결하기 위해서 최선을 다했어요.

5 그 문제를 해결하는 것을 도와드릴게요.

6 그 문제를 해결할 수 있나요?

영어 문장을 보자마자 한국어 뜻을 떠올릴 수 있는지 확인해 보세요.

1
동사 패턴 097

I'm trying to solve the problem.
[아임 트롸잉 투 쏠브(v) 더(th) 프롸블럼]

2
동사 패턴 084

I couldn't solve the problem.
[아이 쿠든(트) 쏠브(v) 더(th) 프롸블럼]
couldn't는 can't의 과거형입니다.

3
동사 패턴 107

I managed to solve the problem.
[아이 매니쥐드 투 쏠브(v) 더(th) 프롸블럼]

4
동사 패턴 102

I did my best to solve the problem.
[아이 디드 마이 베스트 투 쏠브(v) 더(th) 프롸블럼]

5
동사 패턴 117

I'll help you solve the problem.
[아일 헬프 유 쏠브(v) 더(th) 프롸블럼]
I'll help you to solve the problem.이라고 말해도 됩니다.

6
동사 질문패턴 029

Can you solve the problem?
[캔 유 쏠브(v) 더(th) 프롸블럼?]
'그 문제를 해결해 줄 수 있나요?'라는 뜻이 될 수도 있습니다.

MP3 다운로드 & 듣기

PART 06

영어가 입에서 튀어나오는
형용사 패턴 실전 활용 훈련

001 hungry 헝그뤼 | 배고픈

한국어 문장을 보고 영어를 말해 보세요.

1 저는 배고파요.

2 저는 배고프지 않아요.

3 저는 배고팠어요.

4 저는 배고프지 않았어요.

5 (당신은) 배고프세요?

6 (당신은) 배고프셨나요?

영어 문장을 보자마자 한국어 뜻을 떠올릴 수 있는지 확인해 보세요.

1
형용사 패턴 013

I'm hungry.
[아임 헝그뤼]

I'm은 I am을 줄인 형태입니다.

2
형용사 패턴 014

I'm not hungry.
[아임 낱 헝그뤼]

3
형용사 패턴 015

I was hungry.
[아이 워즈(z) 헝그뤼]

이 문장에서의 was는 am의 과거형입니다.

4
형용사 패턴 016

I wasn't hungry.
[아이 워즌(트) 헝그뤼]

wasn't는 was not을 줄인 형태입니다.

5
형용사 질문패턴 001

Are you hungry?
[알(r) 유 헝그뤼?]

6
형용사 질문패턴 002

Were you hungry?
[월(r) 유 헝그뤼?]

were은 are의 과거형입니다.

tired 타이얼(r)드

피곤한, 피곤함을 느끼는

한국어 문장을 보고 영어를 말해 보세요.

1 저는 피곤해요.

2 저는 피곤하지 않아요.

3 저는 피곤했었어요.

4 저는 피곤하지 않았어요.

5 저는 피곤할 거예요.

6 저는 피곤하지 않을 거예요.

영어 문장을 보자마자 한국어 뜻을 떠올릴 수 있는지 확인해 보세요.

1
형용사 패턴 013

I'm tired.
[아임 타이얼(r)드]

2
형용사 패턴 014

I'm not tired.
[아임 낱 타이얼(r)드]

3
형용사 패턴 015

I was tired.
[아이 워즈(z) 타이얼(r)드]

4
형용사 패턴 016

I wasn't tired.
[아이 워즌(트) 타이얼(r)드]

5
형용사 패턴 017

I will be tired.
[아이 윌 비 타이얼(r)드]
I will을 줄여 I'll be tired.라고 말할 수도 있습니다.

6
형용사 패턴 018

I won't be tired.
[아이 워운(트) 비 타이얼(r)드]
won't는 will not을 줄인 형태입니다.

003 happy 해피 | 행복한, 만족하는

한국어 문장을 보고 영어를 말해 보세요.

1 저는 행복해요.

2 저는 행복하지 않아요.

3 저는 별로 행복하지 않아요.

4 (당신은) 행복해 보여요.

5 (당신은) 행복해 보이지 않아요.

6 (당신은) 행복하세요? / (당신은) 만족하시나요?

영어 문장을 보자마자 한국어 뜻을 떠올릴 수 있는지 확인해 보세요.

1 형용사 패턴 013

I'm happy.
[아임 해피]

2 형용사 패턴 014

I'm not happy.
[아임 낱 해피]

3 형용사 패턴 025

I'm not very happy.
[아임 낱 붸뤼 해피]

4 형용사 패턴 050

You look happy.
[유 룩 해피]

5 형용사 패턴 051

You don't look happy.
[유 돈(트) 룩 해피]
don't는 do not을 줄인 형태입니다.

6 형용사 질문패턴 001

Are you happy?
[알(r) 유 해피?]

004  nervous 널(r)-뷖쓰 | 긴장한

한국어 문장을 보고 영어를 말해 보세요.

1	저는 긴장돼요.
2	저는 약간 긴장돼요.
3	저는 점점 긴장되고 있어요.
4	그는 긴장한 것 같아요.
5	그것은 저를 긴장하게 해요.
6	(당신은) 긴장되나요?

영어 문장을 보자마자 한국어 뜻을 떠올릴 수 있는지 확인해 보세요.

1
형용사 패턴 013

I'm nervous.
[아임 널(r)-뷰쓰]

2
형용사 패턴 021

I'm a little nervous.
[아임 어 리를 널(r)-뷰쓰]

'조금' 또는 '약간'은 little이 아니라 a little입니다.

3
형용사 패턴 024

I'm getting nervous.
[아임 게링 널(r)-뷰쓰]

4
형용사 패턴 086

He seems nervous.
[히 씸-즈 널(r)-뷰쓰]

5
형용사 패턴 077

It makes me nervous.
[잍 메잌쓰 미 널(r)-뷰쓰]

6
형용사 질문패턴 001

Are you nervous?
[알(r) 유 널(r)-뷰쓰?]

005  excited 익싸이리드 I 신난, 들뜬

한국어 문장을 보고 영어를 말해 보세요.

1	저는 신나요.
2	저는 매우 신나요.
3	저는 별로 신나지 않아요.
4	너무 들뜨진 마세요.
5	저는 (신나서) 흥분되기 시작했어요.
6	신나요?

영어 문장을 보자마자 한국어 뜻을 떠올릴 수 있는지 확인해 보세요.

1
형용사 패턴 013

I'm excited.
[아임 익싸이리드]
excited는 [익싸이티드] 또는 [익싸이리드]라고 발음합니다.

2
형용사 패턴 019

I'm so excited.
[아임 쏘(우) 익싸이리드]

3
형용사 패턴 025

I'm not very excited.
[아임 낱 붸뤼 익싸이리드]

4
형용사 패턴 008

Don't get too excited.
[돈(트) 겥 투- 익싸이리드]

5
형용사 패턴 037

I'm starting to get excited.
[아임 스탈(r)-팅 투 겥 익싸이리드]

6
형용사 질문패턴 001

Are you excited?
[알(r) 유 익싸이리드?]

006

worried 워-리드

걱정하는, 걱정을 느끼는

한국어 문장을 보고 영어를 말해 보세요.

1	저는 걱정하지 않아요.
2	저는 걱정되기 시작했어요.
3	(당신) 걱정 있어 보여요.
4	당신은 걱정하지 않는 것 같아요.
5	저를 걱정하게 하지 마요.
6	걱정되나요?

영어 문장을 보자마자 한국어 뜻을 떠올릴 수 있는지 확인해 보세요.

1
형용사 패턴 014

I'm not worried.
[아임 낱 워-뤼드]

2
형용사 패턴 037

I'm starting to get worried.
[아임 스탈(r)-팅 투 겥 워-뤼드]

3
형용사 패턴 050

You look worried.
[유 룩 워-뤼드]

4
형용사 패턴 052

You don't seem worried.
[유 돈(트) 씸- 워-뤼드]
직역하면 '당신은 걱정하는 것 같지 않아요.'라는 뜻입니다.

5
형용사 패턴 005

Don't make me worried.
[돈(트) 메잌 미 워-뤼드]

6
형용사 질문패턴 001

Are you worried?
[알(r) 유 워-뤼드?]

007 busy 비지(z) | 바쁜

한국어 문장을 보고 영어를 말해 보세요.

1	저는 꽤 바빠요.
2	저는 너무 바빠요.
3	저는 최근에 바빴어요.
4	저는 바쁘게 지내려고 노력하고 있어요.
5	(당신) 바쁘세요?
6	(당신은) 왜 항상 바빠요?

영어 문장을 보자마자 한국어 뜻을 떠올릴 수 있는지 확인해 보세요.

1
형용사 패턴 020

I'm pretty busy.
[아임 프뤼리 비지(z)]
형용사 앞에 쓰인 pretty는 '꽤'라는 뜻입니다.

2
형용사 패턴 023

I'm too busy.
[아임 투- 비지(z)]
'너무'라는 뜻의 too는 기본적으로 부정적인 어감을 포함합니다.

3
형용사 패턴 031

I've been busy lately.
[아이브(v) 빈 비지(z) 레잍리]
lately의 발음은 [레이틀리]가 아니라 [레잍리]입니다.

4
형용사 패턴 033

I'm trying to stay busy.
[아임 트롸잉 투 스테이 비지(z)]

5
형용사 질문패턴 001

Are you busy?
[알(r) 유 비지(z)?]

6
형용사 질문패턴 004

Why are you always busy?
[와이 알(r) 유 얼-웨이즈 비지(z)?]

008  late 레잍 | 늦은

한국어 문장을 보고 영어를 말해 보세요.

1. 저는 늦을 거예요.

2. (시간이) 늦었어요. (현재)

3. 당신 또 늦었네요. (현재)

4. 늦어서 미안해요.

5. 제가 늦었나요? (현재)

6. 왜 늦었나요? (과거)

영어 문장을 보자마자 한국어 뜻을 떠올릴 수 있는지 확인해 보세요.

1
형용사 패턴 017

I will be late.
[아이 윌 비 레잍]
I will을 I'll로 줄여 I'll be late.라고 말해도 됩니다.

2
형용사 패턴 059

It's late.
[잍츠 레잍]
시간에 대해서 말할 때는 It를 주어로 쓰고 해석은 하지 않습니다.

3
형용사 패턴 043

You're late again.
[유얼(r) 레잍 어겐]
You're은 You are을 줄인 형태입니다.

4
형용사 패턴 010

Sorry for being late.
[쒀뤼 폴(f/r) 비잉 레잍]
I'm sorry for being late.라고 말해도 됩니다.

5
형용사 질문패턴 007

Am I late?
[앰 아이 레잍?]

6
형용사 질문패턴 006

Why were you late?
[와이 월(r) 유 레잍?]
상대방이 왜 늦었었는지 묻는 질문입니다.

009 ready 뤠디 | 준비가 된

한국어 문장을 보고 영어를 말해 보세요.

1	저는 준비가 되었어요.
2	저는 아직 준비가 안 됐어요.
3	저는 전혀 준비가 안 됐어요.
4	그것은 곧 준비될 거예요.
5	준비하세요.
6	(당신) 준비됐나요? / (여러분) 준비되셨나요?

영어 문장을 보자마자 한국어 뜻을 떠올릴 수 있는지 확인해 보세요.

1 형용사 패턴 013

I'm ready.
[아임 뤠디]
ready는 [뤠디] 또는 [뤠리]라고 발음합니다.

2 형용사 패턴 027

I'm not ready yet.
[아임 낱 뤠디 옡]
not ~ yet은 '아직 아님'을 나타내는 표현입니다.

3 형용사 패턴 028

I'm not ready at all.
[아임 낱 뤠디 앹 올-]
not ~ at all은 '전혀 아님'을 나타내는 표현입니다.

4 형용사 패턴 069

It'll be ready soon.
[E를 비 뤠디 쑨-]
It'll은 It will을 줄인 형태입니다.

5 형용사 패턴 007

Get ready.
[겥 뤠디]

6 형용사 질문패턴 001

Are you ready?
[알(r) 유 뤠디?]
you는 '여러분'이라는 뜻으로도 쓰입니다.

010 sure 슈얼(r) I 확신하는, 확실히 아는

한국어 문장을 보고 영어를 말해 보세요.

1 저는 확신해요.

2 저는 거의 확신해요. (저는 꽤 확신해요.)

3 확실히는 몰라요. (의역)

4 확실하지 않았어요.

5 (당신이) 그렇게 확신하는 것처럼 들리지 않아요.

6 확실한가요?

영어 문장을 보자마자 한국어 뜻을 떠올릴 수 있는지 확인해 보세요.

1
형용사 패턴 013

I'm sure.
[아임 슈얼(r)]

2
형용사 패턴 020

I'm pretty sure.
[아임 프뤼리 슈얼(r)]

3
형용사 패턴 014

I'm not sure.
[아임 낱 슈얼(r)]

4
형용사 패턴 016

I wasn't sure.
[아이 워즌(트) 슈얼(r)]

5
형용사 패턴 053

You don't sound so sure.
[유 돈(트) 싸운드 쏘(우) 슈얼(r)]
이 문장에서 sound의 뜻은 '소리'가 아니라 '~하게 들리다'입니다.

6
형용사 질문패턴 001

Are you sure?
[알(r) 유 슈얼(r)?]

okay 오(우)케이 | 괜찮은

한국어 문장을 보고 영어를 말해 보세요.

1 저는 괜찮아요.

2 다 괜찮아요.

3 그건 괜찮았어요.

4 괜찮을 거예요.

5 그녀는 괜찮은 것 같았어요.

6 (당신) 괜찮으세요?

영어 문장을 보자마자 한국어 뜻을 떠올릴 수 있는지 확인해 보세요.

1
형용사 패턴 013

I'm okay.
[아임 오(우)케이]

2
형용사 패턴 093

Everything is okay.
[에브(v)뤼띵 E즈 오(우)케이]

영어에서 everything은 단수(하나)로 보기 때문에 be동사 is와 함께 씁니다.

3
형용사 패턴 060

It was okay.
[잍 워즈(z) 오(우)케이]

4
형용사 패턴 068

It'll be okay.
[E를 비 오(우)케이]

It'll은 It will을 줄인 형태입니다.

5
형용사 패턴 087

She seemed okay.
[쉬 씸-드 오(우)케이]

6
형용사 질문패턴 001

Are you okay?
[알(r) 유 오(우)케이?]

012 upset [업쎝] | 기분 상한, 언짢은

한국어 문장을 보고 영어를 말해 보세요.

1 속상해하지 마세요.

2 저는 기분 상하지 않았어요. (현재)

3 저는 조금 기분 상했었어요.

4 저는 그녀가 왜 화났는지 모르겠어요.

5 (당신) 화났어요? (현재 기분이 상한 상태)

6 저 때문에 기분 상했나요? (제가 당신을 화나게 했나요?)

영어 문장을 보자마자 한국어 뜻을 떠올릴 수 있는지 확인해 보세요.

1
형용사 패턴 003

Don't be upset.
[돈(트) 비 엎쎝]
주로 안 좋은 일이 있는 상대를 위로할 때 쓰이는 표현입니다.

2
형용사 패턴 014

I'm not upset.
[아임 낱 엎쎝]
현재 기분 상한 상태가 아니라는 의미입니다.

3
형용사 패턴 029

I was a little upset.
[아이 워즈(z) 어 리를 엎쎝]
과거에 조금 기분 상한 상태였다는 의미입니다.

4
형용사 패턴 042

I don't know why she's upset.
[아이 돈(트) 노(우) 와이 쉬즈 엎쎝]
이 문장에서 she's는 she is를 줄인 형태입니다.

5
형용사 질문패턴 001

Are you upset?
[알(r) 유 엎쎝?]

6
형용사 질문패턴 014

Did I make you upset?
[디(드) 아이 메잌 유 엎쎝?]
연음하면 [디라이 메이큐 엎쎝?]과 같이 발음할 수 있습니다.

013 sad 쌔드 | 슬픈

한국어 문장을 보고 영어를 말해 보세요.

1 슬퍼하지 마세요.

2 저를 슬프게 하지 마세요.

3 (저는) 너무 슬퍼요.

4 당신은 슬퍼 보여요.

5 그녀는 슬퍼 보였어요.

6 (당신은) 왜 그렇게 슬퍼 보이나요?

영어 문장을 보자마자 한국어 뜻을 떠올릴 수 있는지 확인해 보세요.

1
형용사 패턴 003

Don't be sad.
[돈(트) 비 쌔드]

2
형용사 패턴 005

Don't make me sad.
[돈(트) 메잌 미 쌔드]

3
형용사 패턴 019

I'm so sad.
[아임 쏘(우) 쌔드]

4
형용사 패턴 050

You look sad.
[유 룩 쌔드]

5
형용사 패턴 088

She looked sad.
[쉬 룩트 쌔드]
k로 끝나는 단어 뒤에 붙은 ed는 주로 [트]로 발음합니다.

6
형용사 질문패턴 017

Why do you look so sad?
[와이 두 유 룩 쏘(우) 쌔드?]

014 

disappointed 디써포인티드

실망한, 실망감을 느끼는

한국어 문장을 보고 영어를 말해 보세요.

1 너무 실망하지는 마세요.

2 저는 당신에게 실망했어요. (현재 실망한 상태)

3 저는 실망했었어요.

4 당신은 실망할 거예요.

5 당신은 실망하지 않을 거예요.

6 그들은 실망한 것 같았어요.

영어 문장을 보자마자 한국어 뜻을 떠올릴 수 있는지 확인해 보세요.

1
형용사 패턴 004

Don't be too disappointed.
[돈(트) 비 투- 디써포인티드]

2
형용사 패턴 013

I'm disappointed in you.
[아임 디써포인티드 인 유]
연음하면 [아임 디써포인티딘 유]와 같이 발음됩니다.

3
형용사 패턴 015

I was disappointed.
[아이 워즈(z) 디써포인티드]

4
형용사 패턴 047

You will be disappointed.
[유 윌 비 디써포인티드]
You will을 줄여 You'll be disappointed.라고 말해도 됩니다.

5
형용사 패턴 048

You won't be disappointed.
[유 워은(트) 비 디써포인티드]
won't는 will not을 줄인 형태입니다.

6
형용사 패턴 089

They seemed disappointed.
[데(th)이 씸-드 디써포인티드]

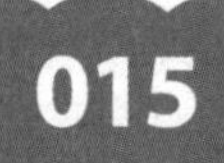

015 kind 카인드 | 친절한

한국어 문장을 보고 영어를 말해 보세요.

1 다른 사람들에게 친절하게 대하세요.

2 저에게 친절하게 대해 주셔서 고맙습니다.

3 (당신) 참 친절하시네요.

4 모든 사람에게 친절할 필요는 없어요.

5 그들은 친절했어요.

6 그들은 친절했나요?

MP3-118

영어 문장을 보자마자 한국어 뜻을 떠올릴 수 있는지 확인해 보세요.

1
형용사 패턴 001

Be kind to others.
[비 카인드 투 어덜(th)쓰]

2
형용사 패턴 009

Thank you for being kind to me.
[땡(th)큐 폴(f/r) 비잉 카인드 투 미]

3
형용사 패턴 049

You're so kind.
[유얼(r) 쏘(우) 카인드]

4
형용사 패턴 057

You don't have to be kind to everyone.
[유 돈(트) 해브(v) 투 비 카인드 투 에브(v)뤼원]

5
형용사 패턴 084

They were kind.
[데(th)이 월(r) 카인드]

6
형용사 질문패턴 011

Were they kind?
[월(r) 데(th)이 카인드?]

016

famous 풰이머쓰 I 유명한

한국어 문장을 보고 영어를 말해 보세요.

1 저는 그냥 조금 유명해요.

2 저는 유명했었어요. (지금은 아님)

3 저는 유명해지고 싶어요.

4 저는 그게 왜 유명한지 모르겠어요.

5 당신은 유명합니까?

6 그것은 유명합니까?

영어 문장을 보자마자 한국어 뜻을 떠올릴 수 있는지 확인해 보세요.

1
형용사 패턴 022

I'm just a little famous.
[아임 져스트 어 리를 퀘이머쓰]

2
형용사 패턴 030

I used to be famous.
[아이 유-쓰(트) 투 비 퀘이머쓰]

3
형용사 패턴 035

I want to be famous.
[아이 원(트) 투 비 퀘이머쓰]
회화체로 I wanna be famous.라고 말할 수 있습니다.

4
형용사 패턴 041

I don't know why it's famous.
[아이 돈(트) 노(우) 와이 잍츠 퀘이머쓰]

5
형용사 질문패턴 001

Are you famous?
[알(r) 유 퀘이머쓰?]

6
형용사 질문패턴 008

Is it famous?
[E즈 잍 퀘이머쓰?]

017  rich 뤼치 | 부유한, 부자인

한국어 문장을 보고 영어를 말해 보세요.

1 저는 부유해지고 싶어요. (부자가 되고 싶어요.)

2 우리는 부유해요. (우리는 부자입니다.)

3 당신은 부자임에 틀림없어요.

4 당신은 왜 부유해지고 싶습니까? (왜 부자가 되고 싶나요?)

5 부유해지기 위해서는 무엇을 해야 하나요? (어떻게 해야 하나요?)

6 당신은 얼마나 부자입니까? (당신은 얼마나 부유합니까?)

영어 문장을 보자마자 한국어 뜻을 떠올릴 수 있는지 확인해 보세요.

1
형용사 패턴 035

I want to be rich.
[아이 원(트) 투 비 뤼치]
회화체로 I wanna be rich.라고 말할 수 있습니다.

2
형용사 패턴 082

We're rich.
[위얼(r) 뤼치]
We're은 We are을 줄인 형태입니다.

3
형용사 패턴 054

You must be rich.
[유 머스트 비 뤼치]

4
형용사 질문패턴 018

Why do you want to be rich?
[와이 두 유 원(트) 투 비 뤼치?]
회화체로 Why do you wanna be rich?라고 말할 수 있습니다.

5
형용사 질문패턴 021

What should I do to be rich?
[왇 슈(드) 아이 두- 투 비 뤼치?]
should I를 연음하면 [슈라이]와 같이 발음됩니다.

6
형용사 질문패턴 005

How rich are you?
[하우 뤼치 알(r) 유?]
상대방이 얼마나 부자인지 궁금할 때 또는 상대방의 부유함에 대한 놀라움을 표현할 때 쓸 수 있는 표현입니다.

018

old 오올드 | 나이가 많은, 낡은, 오래된

한국어 문장을 보고 영어를 말해 보세요.

1 저는 꽤 나이가 많아요.

2 저는 그렇게 나이가 많지는 않아요.

3 당신은 나이가 많아 보이지 않아요.

4 그것은 매우 낡았어요.

5 그것들은 낡았어요.

6 제가 그렇게 나이가 많아 보이나요?

영어 문장을 보자마자 한국어 뜻을 떠올릴 수 있는지 확인해 보세요.

1
형용사 패턴 020

I'm pretty old.
[아임 프뤼리 오울드]

2
형용사 패턴 026

I'm not that old.
[아임 낱 댙(th) 오울드]

3
형용사 패턴 051

You don't look old.
[유 돈(트) 룩 오울드]

4
형용사 패턴 061

It's very old.
[잍츠 붸뤼 오울드]
'그것은 아주 오래되었어요.'라고 해석될 수도 있습니다.

5
형용사 패턴 083

They're old.
[데(th)얼(r) 오울드]
사람에 대해서 말할 때는, '그들은 나이가 많아요.'라는 뜻입니다.

6
형용사 질문패턴 016

Do I look that old?
[두 아이 룩 댙(th) 오울드?]

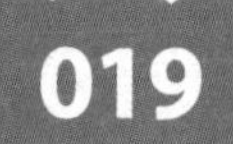

019  lazy 레이지(z) | 게으른, 게으름 피우는

한국어 문장을 보고 영어를 말해 보세요.

1 게으름 피우지 마세요.

2 저는 너무 게을러요.

3 저는 게을러지고 있어요.

4 저는 게을렀었어요. (지금은 게으르지 않음)

5 저는 게으름 피우지 않으려고 노력합니다.

6 (당신은) 왜 제가 게으르다고 생각하세요?

MP3-122

영어 문장을 보자마자 한국어 뜻을 떠올릴 수 있는지 확인해 보세요.

1
형용사 패턴 003

Don't be lazy.
[돈(트) 비 레이지(z)]

2
형용사 패턴 023

I'm too lazy.
[아임 투- 레이지(z)]

3
형용사 패턴 024

I'm getting lazy.
[아임 게링 레이지(z)]

4
형용사 패턴 030

I used to be lazy.
[아이 유-쓰(트) 투 비 레이지(z)]

5
형용사 패턴 034

I try not to be lazy.
[아이 트롸이 낱 투 비 레이지(z)]
평소, 일반적으로 게으름 피우지 않으려고 노력한다는 의미입니다.

6
형용사 질문패턴 020

Why do you think I'm lazy?
[와이 두 유 띵(th)크 아임 레이지(z)?]
What makes you think I'm lazy?도 비슷한 의미입니다.

020 

honest 어니스트 | 정직한, 솔직한

한국어 문장을 보고 영어를 말해 보세요.

1	솔직해지세요.
2	우리 솔직해집시다.
3	솔직하게 말해 주셔서 고맙습니다. (의역)
4	당신은 정직하지 않아요.
5	당신은 정직하지 않았어요.
6	저는 항상 당신에게 솔직했어요.

영어 문장을 보자마자 한국어 뜻을 떠올릴 수 있는지 확인해 보세요.

1
형용사 패턴 001

Be honest.
[비 어니스트]

2
형용사 패턴 006

Let's be honest.
[렐츠 비 어니스트]

3
형용사 패턴 009

Thank you for being honest.
[땡(th)큐 폴(f/r) 비잉 어니스트]

4
형용사 패턴 044

You're not honest.
[유얼(r) 낱 어니스트]

5
형용사 패턴 046

You weren't honest.
[유 워언(트) 어니스트]
weren't는 were not을 줄인 형태입니다.

6
형용사 패턴 032

I've always been honest with you.
[아이브(v) 얼-웨이즈 빈 어니스트 위드(th) 유]

021 

quiet 콰이엍 I 조용한, 말이 없는

한국어 문장을 보고 영어를 말해 보세요.

1 조용히 하세요!

2 조용하네요.

3 조용해지고 있어요.

4 저는 당신이 조용히 했으면 좋겠어요.

5 그들은 저에게 조용히 해 달라고 요청했어요.

6 당신은 왜 이렇게 말이 없습니까?

영어 문장을 보자마자 한국어 뜻을 떠올릴 수 있는지 확인해 보세요.

1
형용사 패턴 001

Be quiet.
[비 콰이엍]
공격적으로 들릴 수 있으므로 사용에 주의해야 합니다.

2
형용사 패턴 059

It's quiet.
[잍츠 콰이엍]
이 문장에서 It's는 It is를 줄인 형태입니다.

3
형용사 패턴 067

It's getting quiet.
[잍츠 게링 콰이엍]
이 문장에서 It's는 It is를 줄인 형태입니다.

4
형용사 패턴 036

I want you to be quiet.
[아이 원(트) 유 투 비 콰이엍]

5
형용사 패턴 090

They asked me to be quiet.
[데(th)이 애슼트 미 투 비 콰이엍]
이 문장에서 asked는 ask의 과거형입니다.

6
형용사 질문패턴 003

Why are you so quiet?
[와이 알(r) 유 쏘(우) 콰이엍?]

022  easy E-지(z) | 쉬운

한국어 문장을 보고 영어를 말해 보세요.

1 (그건) 쉬워요.

2 그건 그렇게 쉽지 않아요.

3 그건 꽤 쉬웠어요.

4 그건 쉬워 보여요.

5 그건 쉬울 거예요.

6 (그건) 그렇게 쉽지는 않을 거예요.

영어 문장을 보자마자 한국어 뜻을 떠올릴 수 있는지 확인해 보세요.

1
형용사 패턴 059

It's easy.
[잍츠 E-지(z)]

2
형용사 패턴 063

It's not that easy.
[잍츠 낱 댙(th) E-지(z)]

3
형용사 패턴 065

It was pretty easy.
[잍 워즈(z) 프뤼리 E-지(z)]

4
형용사 패턴 073

It looks easy.
[잍 룩쓰 E-지(z)]

5
형용사 패턴 068

It'll be easy.
[E를 비 E-지(z)]

It'll은 It will을 줄인 형태입니다.

6
형용사 패턴 070

It won't be that easy.
[잍 워운(트) 비 댙(th) E-지(z)]

won't는 will not을 줄인 형태입니다.

023 difficult 디퓌컬트 | 어려운

한국어 문장을 보고 영어를 말해 보세요.

1	(그것은) 어려워요.
2	(그것은) 다소 어려워요.
3	그건 매우 어려웠어요.
4	그건 어려워 보이지 않아요.
5	저는 그것이 어렵다고 생각해요.
6	그거 어려웠나요?

영어 문장을 보자마자 한국어 뜻을 떠올릴 수 있는지 확인해 보세요.

1
형용사 패턴 059

It's difficult.
[잍츠 디퓌컬트]

2
형용사 패턴 062

It's rather difficult.
[잍츠 뤠덜(th/r) 디퓌컬트]

3
형용사 패턴 064

It was so difficult.
[잍 워즈(z) 쏘(우) 디퓌컬트]
so 대신 very를 써도 됩니다.

4
형용사 패턴 075

It doesn't look difficult.
[잍 더즌(트) 룩 디퓌컬트]
doesn't는 does not을 줄인 형태입니다.

5
형용사 패턴 011

I find it difficult.
[아이 퐈인드 잍 디퓌컬트]

6
형용사 질문패턴 010

Was it difficult?
[워즈(z) 잍 디퓌컬트?]

024  true 츠루- | 사실인, 진실인

한국어 문장을 보고 영어를 말해 보세요.

1	(그건) 사실이에요.
2	그건 사실이 아니었어요.
3	(그건) 분명히 사실일 거예요.
4	그게 사실일 리 없어요.
5	제가 말한 모든 것은 사실이에요.
6	그게 사실입니까?

영어 문장을 보자마자 한국어 뜻을 떠올릴 수 있는지 확인해 보세요.

1
형용사 패턴 059

It's true.
[잍츠 츠루-]

2
형용사 패턴 066

It wasn't true.
[잍 워즌(트) 츠루-]

wasn't는 was not을 줄인 형태입니다.

3
형용사 패턴 071

It must be true.
[잍 머스트 비 츠루-]

'강한 추측' 또는 '확신하여 말할 때' 쓰는 표현입니다.

4
형용사 패턴 072

It can't be true.
[잍 캔(트) 비 츠루-]

'그것이 사실이 아닐 것이라는 믿음'을 가지고 하는 표현입니다.

5
형용사 패턴 094

Everything I said is true.
[에브(v)뤼띵 아이 쎄드 E즈 츠루-]

Everything I've said is true.라고 말하는 경우도 있습니다.

6
형용사 질문패턴 008

Is it true?
[E즈 잍 츠루-?]

025  weird 위얼드 | 이상한

한국어 문장을 보고 영어를 말해 보세요.

1	그는 이상해요.
2	(그건) 이상했어요.
3	(그건) 이상해 보였어요.
4	(그건) 이상한 맛이 나요.
5	그게 왜 이상하죠?
6	그게 이상하다고 생각하지 않나요?

영어 문장을 보자마자 한국어 뜻을 떠올릴 수 있는지 확인해 보세요.

1
형용사 패턴 080

He's weird.
[히즈(z) 위올드]
이 문장에서 He's는 He is를 줄인 형태입니다.

2
형용사 패턴 060

It was weird.
[잍 워즈(z) 위올드]

3
형용사 패턴 074

It looked weird.
[잍 룩트 위올드]

4
형용사 패턴 076

It tastes weird.
[잍 테이스츠 위올드]

5
형용사 질문패턴 012

Why is it weird?
[와이 E즈 잍 위올드?]

6
형용사 질문패턴 019

Don't you think it's weird?
[돈츄 띵(th)크 잍츠 위올드?]
상대방도 나와 같은 의견인지 확인하고 싶을 때 쓰는 표현입니다.

026  funny 풔니 | 웃긴

한국어 문장을 보고 영어를 말해 보세요.

1 당신은 웃겨요.

2 그는 정말 웃겨요.

3 그것은 매우 웃겼어요.

4 (그거) 웃기지 않나요?

5 무엇이 그렇게 웃기나요?

6 제가 웃기게 생겼나요?

영어 문장을 보자마자 한국어 뜻을 떠올릴 수 있는지 확인해 보세요.

1
형용사 패턴 043

You're funny.
[유얼(r) 풔니]
상대방이 재미있는 사람이라는 의미로 주로 쓰입니다.

2
형용사 패턴 085

He's really funny.
[히즈(z) 뤼을리 풔니]
이 문장에서 He's는 He is를 줄인 형태입니다.

3
형용사 패턴 064

It was so funny.
[잍 워즈(z) 쏘(우) 풔니]

4
형용사 질문패턴 009

Isn't it funny?
[E즌(트) 잍 풔니?]
Isn't는 Is not을 줄인 형태입니다.

5
형용사 질문패턴 013

What's so funny?
[왙츠 쏘(우) 풔니?]
이 문장에서 What's는 What is를 줄인 형태입니다.

6
형용사 질문패턴 015

Do I look funny?
[두 아이 뤀 풔니?]

027

rude 루(r)-드 | 예의 없는, 무례한

한국어 문장을 보고 영어를 말해 보세요.

1	무례하게 굴지 마세요.
2	(당신은) 무례하군요.
3	당신은 무례했어요.
4	무례하게 굴려던 것은 아니었어요.
5	무례하게 굴어서 미안합니다.
6	(당신은) 저에게 왜 그렇게 무례한가요?

영어 문장을 보자마자 한국어 뜻을 떠올릴 수 있는지 확인해 보세요.

1
형용사 패턴 003

Don't be rude.
[돈(트) 비 루(r)-드]

2
형용사 패턴 043

You're rude.
[유얼(r) 루(r)-드]
You're은 You are을 줄인 형태입니다.

3
형용사 패턴 045

You were rude.
[유 월(r) 루(r)-드]
were은 are의 과거형입니다.

4
형용사 패턴 040

I didn't mean to be rude.
[아이 디든(트) 민- 투 비 루(r)-드]

5
형용사 패턴 010

Sorry for being rude.
[쒀뤼 폴(f/r) 비잉 루(r)-드]
I'm을 넣어 I'm sorry for being rude.라고 말해도 됩니다.

6
형용사 질문패턴 003

Why are you so rude to me?
[와이 알(r) 유 쏘(우) 루(r)-드 투 미?]
누구에게 무례한지 말할 때는 'rude to 사람'이라고 말하면 됩니다.

028  scared 스케얼(r)드

겁먹은, 무서워하는

한국어 문장을 보고 영어를 말해 보세요.

1	겁먹지 마세요.
2	저는 겁먹지 않았어요. (현재 상태)
3	그녀는 겁먹었어요. (현재 상태)
4	그것이 저를 겁먹게 했어요.
5	겁먹은 척 좀 그만하세요.
6	무서워요? (당신 겁먹었어요?)

영어 문장을 보자마자 한국어 뜻을 떠올릴 수 있는지 확인해 보세요.

1
형용사 패턴 003

Don't be scared.
[돈(트) 비 스케얼(r)드]

2
형용사 패턴 014

I'm not scared.
[아임 낱 스케얼(r)드]

3
형용사 패턴 081

She's scared.
[쉬즈(z) 스케얼(r)드]
이 문장에서 She's는 She is를 줄인 형태입니다.

4
형용사 패턴 078

It made me scared.
[잍 메이드 미 스케얼(r)드]
이 문장에서 made는 make의 과거형입니다.

5
형용사 패턴 091

Stop pretending to be scared.
[스탚 프뤼텐딩 투 비 스케얼(r)드]

6
형용사 질문패턴 001

Are you scared?
[알(r) 유 스케얼(r)드?]

029 careful 케얼(r)플(f) | 조심하는

한국어 문장을 보고 영어를 말해 보세요.

1 조심하세요.

2 (제가) 조심하라고 말했잖아요.

3 (당신) 조심하셔야 합니다.

4 저는 조심해야만 했어요.

5 (제가) 조심했어야 했어요...

6 조심하는 것은 중요해요.

영어 문장을 보자마자 한국어 뜻을 떠올릴 수 있는지 확인해 보세요.

1
형용사 패턴 001

Be careful.
[비 케얼(r)플(f)]

2
형용사 패턴 012

I told you to be careful.
[아이 톨드 유 투 비 케얼(r)플(f)]
연음하면 [아이 톨쥬 투 비 케얼(r)플(f)]과 같이 발음됩니다.

3
형용사 패턴 056

You have to be careful.
[유 해브(v) 투 비 케얼(r)플(f)]
'반드시 조심해야 한다'는 의미입니다.

4
형용사 패턴 038

I had to be careful.
[아이 해드 투 비 케얼(r)플(f)]
실제로 조심해야 하는 상황이어서 '조심했었다'는 의미입니다.

5
형용사 패턴 039

I should have been careful.
[아이 슈드 해브(v) 빈 케얼(r)플(f)]
'(과거에) 조심하지 않았던 것을 후회한다'는 의미입니다.

6
형용사 패턴 079

It's important to be careful.
[잍츠 임폴(r)-튼트 투 비 케얼(r)플(f)]

030 humble 험블 | 겸손한

한국어 문장을 보고 영어를 말해 보세요.

1 항상 겸손하세요.

2 겸손하시네요.

3 겸손해야 합니다.

4 (당신은) 겸손할 필요가 있어요.

5 그는 겸손한 척하고 있어요.

6 겸손한 척 그만하세요.

영어 문장을 보자마자 한국어 뜻을 떠올릴 수 있는지 확인해 보세요.

1
형용사 패턴 002

Always be humble.
[얼-웨이즈 비 험블]
Be always humble.이라고 말해도 됩니다.

2
형용사 패턴 043

You're humble.
[유얼(r) 험블]

3
형용사 패턴 055

You should be humble.
[유 슈(드) 비 험블]
상대방에게 조언이나 충고를 할 때 씁니다.

4
형용사 패턴 058

You need to be humble.
[유 니-드 투 비 험블]
You should be humble.보다 더 강하게 제안하거나 요구할 때 씁니다.

5
형용사 패턴 092

He's pretending to be humble.
[히즈(z) 프뤼텐딩 투 비 험블]

6
형용사 패턴 091

Stop pretending to be humble.
[스탑 프뤼텐딩 투 비 험블]

부록

불규칙 동사 총정리

	동사원형	과거형	과거분사(p.p.)	대표 뜻
1	be	was / were	been	~이다, 있다
2	go	went	gone	가다
3	come	came	come	오다
4	eat	ate	eaten	먹다
5	drink	drank	drunk	마시다
6	do	did	done	하다
7	buy	bought	bought	사다
8	sell	sold	sold	팔다
9	give	gave	given	주다
10	feel	felt	felt	느끼다
11	hear	heard	heard	듣다
12	see	saw	seen	보다
13	tell	told	told	말해주다
14	say	said	said	말하다
15	speak	spoke	spoken	말하다
16	think	thought	thought	생각하다
17	know	knew	known	알다
18	forget	forgot	forgotten	잊다
19	meet	met	met	만나다
20	make	made	made	만들다

	동사원형	과거형	과거분사(p.p.)	대표 뜻
21	have	had	had	가지고 있다
22	get	got	gotten	받다
23	take	took	taken	가져가다, 데려가다
24	bring	brought	brought	가져오다, 데려오다
25	become	became	become	~이 되다
26	leave	left	left	떠나다
27	sleep	slept	slept	자다
28	teach	taught	taught	가르치다
29	send	sent	sent	보내다
30	find	found	found	찾다, 발견하다
31	hide	hid	hidden	숨다, 숨기다
32	lend	lent	lent	빌려주다
33	pay	paid	paid	지불하다
34	begin	began	begun	시작하다
35	break	broke	broken	깨다
36	hurt	hurt	hurt	다치게 하다
37	put	put	put	놓다
38	lose	lost	lost	지다, 잃어버리다
39	win	won	won	이기다, 승리하다
40	wear	wore	worn	입다, 착용하다

	동사원형	과거형	과거분사(p.p.)	대표 뜻
41	run	ran	run	달리다
42	sing	sang	sung	노래 부르다
43	swim	swam	swum	수영하다
44	throw	threw	thrown	던지다
45	catch	caught	caught	잡다
46	hit	hit	hit	치다, 때리다
47	lie	lay	lain	눕다
48	sit	sat	sat	앉다
49	stand	stood	stood	서다
50	understand	understood	understood	이해하다
51	read	*read	*read	읽다
52	write	wrote	written	(글을) 쓰다
53	steal	stole	stolen	훔치다
54	spend	spent	spent	(돈, 시간을) 사용하다
55	bite	bit	bitten	물다, 깨물다
56	build	built	built	건설하다
57	drive	drove	driven	운전하다
58	fly	flew	flown	날다
59	ride	rode	ridden	(말, 자전거를) 타다
60	fall	fell	fallen	떨어지다

	동사원형	과거형	과거분사(p.p.)	대표 뜻
61	choose	chose	chosen	선택하다
62	hold	held	held	잡고 있다
63	keep	kept	kept	지키다
64	quit	quit	quit	관두다
65	shut	shut	shut	닫다
66	hang	hung	hung	걸다
67	cut	cut	cut	자르다
68	tear	tore	torn	찢다
69	beat	beat	beaten	두들겨 패다
70	draw	drew	drawn	그리다, 끌다
71	grow	grew	grown	자라다
72	fight	fought	fought	싸우다
73	shoot	shot	shot	(총) 쏘다
74	cost	cost	cost	~의 비용이 들다
75	wake up	woke up	woken up	(잠에서) 깨다
76	ring	rang	rung	벨이 울리다
77	mean	meant	meant	의미하다
78	blow	blew	blown	(바람이) 불다
79	rise	rose	risen	떠오르다
80	shine	shone	shone	반짝이다

패턴영어편